Historias de San Valentín
20 casos reales de amor apasionado

Phillips Tahuer
Ediciones Afrodita

Copyright © 2024 Ediciones Afrodita
Todos los derechos reservados

Contenido:

Introducción
1. Cleopatra y Marco Antonio
2. Napoleón Bonaparte y Joséphine de Beauharnais
3. Frida Kahlo y Diego Rivera
4. Pablo Neruda y Matilde Urrutia
5. Ana Bolena y Enrique VIII
6. Ludwig van Beethoven y la "Amada Inalcanzable"
7. Salvador Dalí y Gala Éluard
8. Heloísa y Abelardo
9. Karl Marx y Jenny von Westphalen
10. John Lennon y Yoko Ono
11. Marilyn Monroe y Arthur Miller
12. Virginia Woolf y Vita Sackville-West
13. Alfred de Musset y George Sand
14. El Cid y Jimena Díaz
15. Clara Schumann y Robert Schumann
16. Simón Bolívar y Manuela Sáenz
17. Elizabeth Taylor y Richard Burton
18. Paul Gauguin y Teha'amana
19. Margaret Fuller y Giovanni Angelo Ossoli
20. Hemingway y Hadley Richardson

Introducción

Los Límites del Amor Pasional

El amor es una de las fuerzas más universales y poderosas que ha inspirado a la humanidad a lo largo de los siglos. Se espera que el amor sea una fuente de apoyo, comprensión y crecimiento mutuo, una unión basada en el respeto, la confianza y la pasión compartida. En su forma ideal, el amor nos impulsa a ser mejores, a enfrentar desafíos juntos y a construir un futuro lleno de esperanza y felicidad.

Sin embargo, la historia nos muestra que el amor no siempre se conforma con estos ideales. A veces, las emociones y las pasiones trascienden los límites convencionales, llevando a las parejas a experiencias que desafían las expectativas comunes y revelan tanto la grandeza como la complejidad del corazón humano. Estos amores extraordinarios pueden ser fuente de inspiración y creatividad, pero también de conflictos y tragedias.

En este libro, exploramos una colección de casos reales de amores sobresalientes que han dejado una huella indeleble en la historia. Desde la tumultuosa relación de Frida Kahlo y Diego Rivera, donde la intensidad de su vínculo alimentó una producción artística sin igual, pero también generó conflictos profundos, hasta la unión de Cleopatra y Marco Antonio, cuyo romance no solo marcó una era política, sino que también llevó al colapso de grandes civilizaciones.

Estos relatos nos muestran que el amor puede ser una fuerza transformadora que impulsa a las personas a alcanzar alturas insospechadas, desafiando normas sociales y enfrentando adversidades. Sin embargo, también evidencian cómo el amor desmedido puede llevar a la destrucción, la pérdida y el sufrimiento, revelando la delgada línea entre la pasión inspiradora y la obsesión destructiva.

Al adentrarnos en estas historias, te invito a reflexionar sobre la naturaleza multifacética del amor. ¿Qué nos impulsa a amar con tal intensidad? ¿Cómo manejamos las emociones que nos sobrepasan? Y, sobre todo, qué lecciones podemos aprender de aquellos que han amado de manera extraordinaria, tanto en sus éxitos como en sus fracasos.

Este viaje a través de amores históricos y legendarios no solo celebra la belleza y la fuerza del amor, sino que también reconoce sus desafíos y contradicciones. Porque, en última instancia, es esta complejidad lo que hace del amor una experiencia profundamente humana y eternamente fascinante.

Phillips Tahuer

A continuación, una lista de 20 casos de amor apasionado en la historia, que van más allá de lo común y reflejan la intensidad y complejidad de las relaciones. Cada uno con sus puntos a favor; como así también, con sus costados negativos.

1. Cleopatra y Marco Antonio: El romance que sacudió al Imperio Romano

La relación entre Cleopatra y Marco Antonio es uno de los grandes romances de la historia antigua, una historia de amor, poder y tragedia que ha cautivado a generaciones. Esta intensa relación no solo afectó a los dos amantes, sino que también tuvo profundas implicaciones políticas y cambió el curso de la historia del mundo antiguo. Su romance trascendió no solo por el dramatismo de su final, sino por la mezcla de ambición y pasión que caracterizó su vínculo, marcando el fin de la República Romana y el ascenso del Imperio.

Cleopatra VII nació en el año 69 a.C., como miembro de la dinastía Ptolemaica, la familia griega que gobernaba Egipto desde la época de Alejandro Magno. Era una mujer inteligente, carismática y ambiciosa, conocida por hablar múltiples idiomas y por su habilidad para manipular la política en su beneficio. Cuando Cleopatra ascendió al trono de Egipto, el país enfrentaba tensiones internas y la creciente presión de Roma, que era la potencia dominante en el Mediterráneo.

Cleopatra es recordada no solo por su belleza, sino por su astucia política. Sabía que la supervivencia de Egipto dependía de mantener buenas relaciones con Roma y utilizó su carisma y habilidad para negociar con algunos de los hombres más poderosos de la época. Antes de conocer a Marco Antonio, había formado una alianza con Julio César, con quien tuvo un hijo, Cesarión.

Por su parte, Marco Antonio era un general romano de gran renombre, uno de los aliados más cercanos de Julio César. Tras el asesinato de César en el año 44 a.C., Marco Antonio se alió con Octavio (más tarde conocido como el emperador Augusto) y Lépido para formar el Segundo Triunvirato y dividir el control de Roma entre ellos. Antonio fue asignado a las provincias orientales del imperio, donde su destino se cruzaría con el de Cleopatra.

A diferencia de su frío y calculador rival Octavio, Marco Antonio era un hombre apasionado, con una inclinación hacia el hedonismo y las grandes demostraciones de poder. Su carisma y valentía como general le ganaron la lealtad de sus tropas, pero su falta de disciplina y tendencia a dejarse llevar por sus emociones también le trajeron problemas.

El primer encuentro entre Cleopatra y Marco Antonio tuvo lugar en el año 41 a.C., cuando Marco Antonio convocó a Cleopatra para explicar su lealtad a Roma tras la muerte de César. Sin embargo, Cleopatra llegó a este encuentro no como una sumisa soberana, sino como una figura majestuosa. Se presentó con una entrada grandiosa, envuelta en lujo y esplendor, y Antonio quedó inmediatamente cautivado.

Ambos compartieron una conexión profunda, no solo emocional sino también política. Cleopatra, viendo en Antonio la posibilidad de mantener la independencia de Egipto, forjó una alianza estratégica con él. Pero lo que comenzó como un acuerdo político pronto se transformó en un romance apasionado. Cleopatra y Marco Antonio se convirtieron en amantes y vivieron una relación marcada por la opulencia, el lujo y los excesos.

El amor entre ellos floreció durante años, y Marco Antonio, que ya había estado casado con Octavia, la hermana de Octavio comenzó a distanciarse de Roma y a pasar más tiempo en Egipto. Su relación con Cleopatra se hizo pública, y juntos tuvieron tres hijos: Alejandro Helios, Cleopatra Selene y Ptolomeo Filadelfo.

La relación de Cleopatra y Marco Antonio no solo fue una unión sentimental, sino que también tuvo enormes implicaciones políticas. Antonio otorgó a Cleopatra y a sus hijos territorios romanos, lo que fue visto por muchos en Roma como una traición. Su vínculo con la reina egipcia y su rechazo a Octavia provocaron la ira de Octavio, quien lo utilizó como excusa para desacreditar a Antonio ante el Senado romano.

En el año 32 a.C., Octavio declaró la guerra a Cleopatra, un conflicto que también involucraba a Marco Antonio. En la famosa Batalla de Actium en el año 31 a.C., las fuerzas combinadas de Antonio y Cleopatra fueron derrotadas por la flota de Octavio. Tras la derrota, Antonio y Cleopatra huyeron a

Alejandría, donde enfrentaron la realidad de su derrota y el colapso de sus sueños de poder.

El final de la historia de Cleopatra y Marco Antonio es una de las tragedias más famosas de la historia. Después de su derrota en Actium, ambos intentaron encontrar una salida desesperada. Antonio, creyendo falsamente que Cleopatra había muerto, se suicidó lanzándose sobre su propia espada. Cuando Cleopatra descubrió lo sucedido, también decidió terminar con su vida, según la leyenda, dejándose morder por una serpiente venenosa, probablemente una áspid.

Con su muerte, Egipto quedó bajo el control de Roma y Cesarión, el hijo de Cleopatra con Julio César fue ejecutado. Así, la dinastía ptolemaica llegó a su fin, y Octavio se convirtió en el primer emperador de Roma, marcando el comienzo del Imperio Romano.

La relación entre Cleopatra y Marco Antonio ha trascendido en el tiempo porque encapsula la intersección de la política, el poder y el amor en la historia antigua. Su romance, que desató una guerra y marcó el final de una era, ha inspirado a escritores, dramaturgos y cineastas durante siglos, mostrándose en obras como "Antonio y Cleopatra" de Shakespeare y películas icónicas como "Cleopatra" (1963), protagonizada por Elizabeth Taylor y Richard Burton.

El lado positivo de su relación es que, a pesar de las fuerzas que los rodeaban, Antonio y Cleopatra compartieron una conexión auténtica y apasionada. Ambos, particularmente Cleopatra, fueron figuras carismáticas que desafiaron las convenciones de su tiempo. Cleopatra, en especial, sigue siendo una figura fascinante por su capacidad para ejercer poder y mantener la independencia de Egipto durante tantos años, mientras utilizaba su relación con Antonio para fortalecer su posición política.

La historia de su amor también representa el deseo de dos personas de desafiar el destino y las reglas de la política para estar juntas, lo que resuena como una narrativa de rebelión contra las normas sociales y las expectativas del poder.

El lado negativo, sin embargo, es evidente en las trágicas consecuencias de su relación. Su romance desató el colapso del poder de Antonio y la destrucción del reino de Cleopatra. Las decisiones de Marco Antonio, muchas de las cuales fueron motivadas por su amor por Cleopatra, lo llevaron a un enfrentamiento final con Octavio, que resultó en la caída no solo de Antonio, sino también de Cleopatra y la independencia de Egipto. Su relación, aunque intensa y apasionada, los aisló del mundo real y los hizo vulnerables a los intereses políticos de Roma.

Además, su historia es un recordatorio de los peligros de dejarse llevar por las pasiones personales en detrimento de las responsabilidades políticas. Antonio, al abandonar Roma y poner su lealtad en Cleopatra, perdió el favor de su pueblo y de sus aliados, mientras que Cleopatra, aunque una reina inteligente y astuta, subestimó el poder de Roma y el alcance del pragmatismo político de Octavio.

2. Napoleón Bonaparte y Joséphine de Beauharnais: El Amor que Marcó un Imperio

La relación entre Napoleón Bonaparte y Joséphine de Beauharnais es una de las más célebres de la historia, no solo por la magnitud de los personajes involucrados, sino por la intensidad de su amor y las complicadas dinámicas que definieron su matrimonio. Este romance estuvo marcado por el poder, la pasión, la política y, finalmente, la tragedia. Aunque terminó en divorcio, su relación ha trascendido en el tiempo como un reflejo de la compleja interacción entre las ambiciones personales y las pasiones románticas en el contexto de un Imperio.

Napoleón Bonaparte nació en Córcega en 1769, y desde una edad temprana mostró un inmenso talento para la estrategia militar. A lo largo de la Revolución Francesa, ascendió rápidamente en las filas del ejército francés, consolidándose como uno de los más brillantes generales de su tiempo. Su liderazgo durante las campañas italianas lo llevó a la fama, y pronto se convirtió en la figura dominante en Francia, eventualmente asumiendo el título de Emperador de los Franceses en 1804.

Napoleón era un hombre ambicioso, decidido a expandir su imperio y establecer un legado que rivalizara con los más grandes emperadores de la historia. Sin embargo, a pesar de su dureza y determinación en el campo de batalla, tenía un lado más vulnerable cuando se trataba de su vida personal, y este aspecto quedó en evidencia en su relación con Joséphine.

Joséphine de Beauharnais, nacida en 1763 en la isla de Martinica como Marie-Josèphe-Rose Tascher de La Pagerie, provenía de una familia aristocrática, pero de recursos limitados. Fue enviada a Francia para casarse con el vizconde Alejandro de Beauharnais, con quien tuvo dos hijos, Eugène y Hortense. Su primer matrimonio fue turbulento y terminó trágicamente cuando Alejandro fue guillotinado durante el Reinado del Terror en 1794. Joséphine, encarcelada durante ese período, sobrevivió y, tras su liberación, se estableció como una figura destacada en la sociedad parisina.

A pesar de las dificultades que enfrentó, Joséphine era conocida por su encanto, elegancia y capacidad para navegar las complejidades sociales de la posrevolución francesa. Fue a través de estas conexiones que conoció a Napoleón Bonaparte.

Se vieron por primera vez en 1795, poco después de que ella saliera de prisión. Aunque seis años mayor que él y viuda con dos hijos, la belleza y el carisma de Joséphine cautivaron inmediatamente al joven general, quien cayó profundamente enamorado de ella. Para Napoleón, Joséphine representaba una figura sofisticada y deseable que lo acercaba a la alta sociedad francesa que él, como corsicano y militar, aún no había conquistado completamente.

Sin embargo, al principio, el sentimiento no era mutuo. Joséphine, que al principio veía a Napoleón como una aventura más, no correspondía con la misma intensidad el fervor de Napoleón. Aun así, Napoleón la cortejó con pasión y, finalmente, el 9 de marzo de 1796, los dos se casaron en una ceremonia civil, solo dos días antes de que Napoleón partiera a comandar el ejército francés en Italia.

Durante las primeras etapas de su matrimonio, Napoleón inundó a Joséphine con cartas de amor que reflejaban la intensidad de su devoción. Mientras Napoleón estaba en campaña, le escribía apasionadamente, expresando su profundo deseo de volver a verla. Estas cartas, muchas de las cuales han sobrevivido, muestran a un Napoleón vulnerable, dominado por sus emociones hacia Joséphine.

Sin embargo, la relación estaba lejos de ser perfecta. A pesar del amor apasionado de Napoleón, Joséphine tuvo múltiples infidelidades mientras su marido estaba en campaña. Cuando Napoleón se enteró de sus traiciones, su amor incondicional por ella comenzó a mezclarse con resentimiento y celos. Aunque el general intentó perdonarla, este conocimiento afectó profundamente su relación.

Por su parte, Napoleón también comenzó a tener sus propios romances. A medida que su poder aumentaba, se rodeaba de admiradores y amantes, aunque nunca dejó de amar a Joséphine. Su relación se convirtió en un campo de batalla emocional, donde la lealtad y la pasión chocaban constantemente con la desconfianza y el engaño.

A pesar de las tensiones en su matrimonio, Napoleón coronó a Joséphine como Emperatriz de los Franceses el 2 de diciembre de 1804, durante su propia coronación como emperador. Esta ceremonia fue un símbolo de su compromiso público hacia ella, y

Joséphine desempeñó un papel importante como la figura femenina más importante de Francia.

Sin embargo, el matrimonio comenzó a deteriorarse debido a la presión que enfrentaban. Napoleón, obsesionado con el legado y la expansión de su imperio, deseaba desesperadamente tener un heredero varón. Joséphine, ya en sus cuarenta y habiendo tenido problemas para concebir después de sus dos primeros hijos, no pudo darle el heredero que tanto anhelaba.

Finalmente, la falta de un hijo forzó a Napoleón a tomar una de las decisiones más difíciles de su vida: en 1809, tras años de intentarlo, Napoleón decidió divorciarse de Joséphine. Aunque ambos seguían amándose profundamente, el deber hacia el Imperio y la necesidad de asegurar una sucesión llevaron a Napoleón a casarse con María Luisa de Austria, quien le dio un hijo, Napoleón II.

El divorcio fue doloroso para ambos. En la ceremonia de separación, Napoleón pronunció un discurso emocional en el que afirmó que Joséphine siempre sería su primera y más grande pasión. A pesar de su separación formal, Napoleón siguió manteniendo una relación cercana con Joséphine, apoyándola económicamente y visitándola en ocasiones. Joséphine, por su parte, mantuvo su lealtad a Napoleón hasta el final de su vida.

Tras su divorcio, Joséphine vivió en el palacio de Malmaison, donde se dedicó a la jardinería y a la vida cortesana. Falleció el 29 de mayo de 1814, poco después de la caída de Napoleón, probablemente afectada por una neumonía. Según algunos informes, sus últimas palabras fueron: "Bonaparte… Elba", en referencia a la isla donde su exmarido había sido exiliado.

Napoleón, tras ser informado de la muerte de Joséphine durante su exilio en Elba, se dice que quedó devastado. A pesar de haber tenido un segundo matrimonio y otros amantes, Joséphine seguía ocupando un lugar especial en su corazón. En su lecho de muerte, en 1821, Napoleón supuestamente susurró su nombre, junto al de su hijo y el de Francia.

El romance entre Napoleón Bonaparte y Joséphine de Beauharnais fue una combinación de pasión, política y tragedia. Su amor, aunque marcado por traiciones y dolor, sigue siendo recordado como uno de los más intensos y conmovedores de la historia. La fascinación que esta relación sigue generando es un testimonio de la complejidad del amor humano, especialmente cuando está entrelazado con las ambiciones personales y el poder. Aunque su matrimonio no perduró, el impacto emocional y simbólico de su relación ha quedado grabado en la memoria humana, como una de las historias de amor más épicas del mundo.

3. Frida Kahlo y Diego Rivera: Un amor entre el arte y la pasión

La relación entre Frida Kahlo y Diego Rivera es una de las más fascinantes y complejas del siglo XX. Más que un simple matrimonio, su unión fue una mezcla de arte, pasión, política y dolor. A lo largo de sus vidas, estos dos artistas mexicanos crearon un legado que ha trascendido fronteras, no solo por la magnitud de sus obras, sino por la intensidad de su relación sentimental. Su amor fue a la vez tumultuoso y profundamente inspirador, caracterizado por sus altas y bajas, con momentos de mutua admiración artística y periodos de infidelidades y separación.

Frida Kahlo nació el 6 de julio de 1907 en Coyoacán, México, y desde temprana edad estuvo marcada por el dolor físico. A los seis años, contrajo poliomielitis, lo que dejó su pierna derecha más delgada que la izquierda. A los 18 años, sufrió un accidente de autobús que le destrozó la columna vertebral, las costillas, la pelvis y la pierna derecha, dejándola con secuelas que la afectarían toda su vida. Fue durante su recuperación que Frida empezó a pintar, usando un caballete especial que su madre le mandó hacer para que pudiera pintar desde su cama.

El arte de Frida Kahlo se caracteriza por su estilo surrealista y profundamente personal, en el que retrata el dolor físico y emocional que vivió. A lo largo de su vida, Kahlo produjo una serie de autorretratos que reflejan tanto su sufrimiento como su identidad como mujer mexicana. Además de su obra pictórica, Frida fue una ferviente activista política, comprometida con causas comunistas y nacionalistas en México.

Por su parte, Diego Rivera, nacido el 8 de diciembre de 1886 en Guanajuato, México, es ampliamente considerado uno de los artistas más importantes de México y del mundo. Rivera era conocido por sus monumentales murales, que abordan temas históricos, sociales y políticos, especialmente centrados en la lucha de las clases trabajadoras y la historia de México. Después de estudiar en Europa y codearse con artistas como Picasso, Rivera regresó a México para convertirse en el líder del Muralismo Mexicano, un movimiento artístico que promovía la creación de arte público y accesible.

A diferencia de Frida, Rivera fue siempre una figura pública prominente, con una personalidad fuerte y expansiva. Era conocido no solo por su arte, sino por su vida personal agitada, marcada por su relación con múltiples mujeres y su activismo político.

Frida Kahlo conoció a Diego Rivera cuando ella tenía 22 años y él 42. Frida, quien admiraba el trabajo de Rivera desde antes de conocerlo, lo buscó para que evaluara su arte. Rivera quedó impresionado por el talento de Kahlo, describiéndola como una artista con "energía y honestidad". A pesar de la diferencia de edad y los precedentes de Rivera como mujeriego, ambos iniciaron una relación que se formalizó en matrimonio en 1929.

El vínculo entre Frida y Diego fue intenso desde el comienzo. Rivera encontraba en Frida una mujer fuerte, independiente y con un talento artístico que no podía ignorar. Frida, por su parte, veía en Rivera una figura paternal y un mentor, pero también un hombre del que se enamoró profundamente. Este matrimonio fue una unión no solo romántica, sino también creativa, ya que ambos se influenciaron mutuamente en sus trabajos.

Sin embargo, desde el principio, la relación entre Frida y Diego estuvo marcada por conflictos y desafíos. Rivera continuó con sus infidelidades, algo que Frida aceptó, aunque le causaba mucho dolor. Uno de los episodios más dolorosos para Frida fue la aventura de Diego con su hermana menor, Cristina Kahlo, un evento que afectó profundamente su salud emocional y física.

Frida, aunque amaba profundamente a Diego, también tuvo sus propios romances, tanto con hombres como con mujeres. Algunos de sus amantes incluyeron a figuras como el político comunista ruso León Trotsky y la cantante Chavela Vargas. A lo largo de los años, su relación se convirtió en un torbellino de emociones, con momentos de separación y reconciliación.

En 1939, la pareja se divorció, principalmente debido a las múltiples infidelidades de Diego y las tensiones emocionales que esto causaba en Frida. Sin embargo, solo un año después, volvieron a casarse. A pesar de todas las dificultades, nunca dejaron de estar conectados de alguna manera, ya sea por el arte, la política o el cariño mutuo que siempre prevalecía, incluso en los momentos más oscuros.

A lo largo de su relación, Frida luchó no solo con los problemas emocionales derivados de su matrimonio, sino también con su constante sufrimiento físico. Las secuelas del accidente de su juventud empeoraron con los años, requiriendo numerosas cirugías y largas estancias en el hospital. El dolor constante y la incapacidad para tener hijos afectaron profundamente a Frida, temas que plasmó en muchos de sus cuadros más emblemáticos, como "La columna rota" y "Henry Ford Hospital".

Diego, aunque infiel, se mantuvo a su lado durante estos episodios difíciles. A menudo, él también sufría al verla postrada en cama o después de sus operaciones. De alguna manera, su matrimonio, aunque tempestuoso, fue una fuente de fortaleza mutua en sus peores momentos.

A lo largo de su relación, Frida y Diego compartieron una profunda admiración por el trabajo del otro. Frida solía decir que había tenido dos accidentes en su vida: el primero, el autobús que la dejó inválida, y el segundo, Diego. Su amor por Rivera fue tan grande que a menudo decía que el dolor emocional que él le causaba era más fuerte que el físico.

El legado de ambos como pareja artística es innegable. Si bien Diego fue un muralista de renombre mundial, Frida Kahlo fue reconocida principalmente después de su muerte, cuando su obra comenzó a ser vista como un símbolo del feminismo y la resiliencia ante la adversidad. Su arte, que refleja su dolor personal, su identidad como mujer mexicana y su relación con Diego, ha hecho que su figura trascienda más allá de las fronteras del arte.

Frida Kahlo falleció el 13 de julio de 1954, a la edad de 47 años, debido a complicaciones de salud agravadas por su dolor crónico. Diego Rivera, devastado por su muerte, escribió en sus memorias que la había amado más que a nada en el mundo y que, sin ella, su vida carecía de sentido. Rivera murió tres años después, en 1957.

El legado de Frida y Diego como pareja ha perdurado en el tiempo no solo por su arte, sino por la complejidad de su relación. Frida Kahlo, con su inquebrantable fuerza, se ha convertido en un ícono feminista y un símbolo de la lucha por la identidad personal y nacional. Diego Rivera, por su parte, sigue siendo uno de los muralistas más importantes de la historia, conocido por su compromiso con la justicia social y su representación de la historia de México.

La relación entre Frida Kahlo y Diego Rivera es un testimonio de cómo el amor puede ser tanto una fuente de inspiración como de dolor. A pesar de las infidelidades, los desacuerdos y los problemas de salud que enfrentaron, ambos encontraron en el otro una conexión profunda que perduró hasta sus últimos días. Su amor, aunque complicado, ha dejado un legado de arte y cultura que sigue influyendo a generaciones de artistas y activistas en todo el mundo.

4. Pablo Neruda y Matilde Urrutia: El amor que inspiró la poesía del Siglo XX

La relación entre Pablo Neruda y Matilde Urrutia ha sido inmortalizada como una de las historias de amor más célebres del siglo XX, en parte porque el laureado poeta chileno volcó su pasión en algunos de sus versos más icónicos. Este amor, nacido en la clandestinidad y marcado por desafíos tanto personales como políticos, dio lugar a una intensa conexión que perduró hasta la muerte de Neruda en 1973. A través de los años, la historia de su relación ha trascendido no solo por la belleza poética que inspiró, sino también por las complejidades emocionales y los sacrificios que ambos enfrentaron. Como en muchas grandes historias de amor, hubo luz y sombras en su relación, con matices que reflejaron tanto lo sublime como lo problemático del vínculo que compartieron.

Pablo Neruda, cuyo nombre real era Ricardo Eliécer Neftalí Reyes Basoalto, nació el 12 de julio de 1904 en Parral, Chile. Desde joven, mostró un talento precoz para la poesía y adoptó el pseudónimo "Pablo Neruda" en honor al poeta checo Jan Neruda. En el transcurso de su vida, Neruda se consolidó como una de las voces poéticas más importantes del siglo XX, con obras que abarcan una amplia gama de temas, desde el amor y la naturaleza hasta la política y la injusticia social.

Ganador del Premio Nobel de Literatura en 1971, Neruda era conocido tanto por su poesía lírica como por su activismo político. Fue miembro del Partido Comunista de Chile, senador y diplomático, y mantuvo una postura firme en defensa de los derechos de los oprimidos. Su vida pública estuvo marcada por sus convicciones políticas, pero su vida privada también fue intensa, especialmente en lo que respecta a sus relaciones amorosas.

A su vez, Matilde Urrutia nació el 30 de abril de 1912 en Chillán, Chile. Antes de conocer a Neruda, Matilde era una destacada cantante lírica y enfermera, reconocida por su trabajo en diversos escenarios artísticos y por su belleza. Aunque no pertenecía al círculo intelectual o político en el que se movía Neruda, Matilde tenía una fuerte personalidad y una independencia que la hacían sobresalir.

Su encuentro con Pablo Neruda marcó un punto de inflexión en su vida. Aunque Urrutia fue en un principio una amante secreta, su presencia en la vida del poeta sería tan influyente que terminaría por convertirse en su musa definitiva. Matilde se convirtió en la inspiración detrás de muchos de los versos más apasionados y románticos que Neruda escribió en sus últimos años.

Pablo Neruda conoció a Matilde Urrutia en la década de 1940. En ese momento, él estaba casado con su segunda esposa, la pintora argentina Delia del Carril, con quien mantenía una relación estable pero que había perdido el vigor romántico con el tiempo. Matilde y Neruda comenzaron una relación clandestina en 1946, mientras él seguía casado, y la relación perduró durante años bajo el velo del secreto. La pasión entre ambos era evidente, pero también lo era el desafío que enfrentaban para mantener su relación oculta, especialmente debido a la prominencia pública de Neruda.

Durante más de una década, Matilde y Pablo vivieron una relación complicada y a menudo dolorosa. Mientras ella sufría la invisibilidad y el dolor de ser "la otra", Neruda se debatía entre su vida pública y sus deseos privados. Sin embargo, el vínculo emocional entre ambos era inquebrantable, y a pesar de las dificultades, Matilde se convirtió en la inspiración para una de las colecciones más bellas de poesía amorosa de Neruda: "Los versos del Capitán". Este libro, publicado en 1952, fue escrito en honor a Matilde, pero no fue firmado por Neruda en ese momento para proteger su identidad y su relación secreta.

Finalmente, en 1955, Pablo Neruda se separó de Delia del Carril y formalizó su relación con Matilde Urrutia. A partir de ese momento, Matilde pasó a ser no solo su compañera sentimental, sino también su cuidadora y protectora. A lo largo de los años, Urrutia desempeñó un papel fundamental en la vida de Neruda, ayudándolo a manejar su salud, su agenda y sus compromisos.

En 1966, Neruda publicó "Cien sonetos de amor", una de sus obras más celebradas, dedicados explícitamente a Matilde. En estos versos, el poeta exaltaba su amor por ella, un amor maduro, lleno de ternura y pasión. La relación de ambos se convirtió en un símbolo de amor que trascendía los obstáculos, y Matilde fue vista cada vez más como la verdadera compañera de Neruda, alguien que no solo lo inspiraba, sino que también lo sostenía emocional y físicamente.

Los últimos años de vida de Neruda estuvieron marcados por la enfermedad. En 1970, fue diagnosticado con cáncer de próstata. Matilde se convirtió en su cuidadora, acompañándolo durante su enfermedad y su declive físico. A pesar del sufrimiento, el amor entre ambos permaneció firme hasta el final.

El golpe más duro para ambos llegó en 1973, con el golpe de estado en Chile que derrocó al gobierno de Salvador Allende. Neruda, siempre cercano a Allende y un ferviente defensor del socialismo, se vio profundamente afectado por el golpe militar. Su salud se deterioró rápidamente y falleció el 23 de septiembre de 1973, en circunstancias que aún hoy generan controversia, ya que algunos creen que pudo haber sido envenenado por agentes del régimen de Augusto Pinochet.

Matilde Urrutia, devastada por la pérdida de su esposo, se dedicó a preservar su legado, publicando sus memorias y luchando por mantener viva la figura de Neruda en el imaginario cultural, incluso en tiempos de censura.

La relación entre Pablo Neruda y Matilde Urrutia ha trascendido en el tiempo como una de las grandes historias de amor del siglo XX, en parte por el impacto que tuvo en la obra poética de Neruda y por la pasión que ambos compartieron. Aunque estuvo marcada por desafíos, infidelidades y periodos de sufrimiento, el amor que se profesaron dejó un legado artístico y emocional que sigue inspirando a nuevas generaciones.

El lado positivo de su relación es evidente en la profunda conexión emocional y creativa que compartieron, una que influyó en algunas de las obras más notables de la poesía moderna. El lado negativo, por otro lado, está relacionado con los sacrificios personales que ambos hicieron, en especial Matilde, para mantener su relación, y con las complejidades de un amor que comenzó en el secreto.

En última instancia, el amor entre Neruda y Urrutia es un testimonio de la capacidad del ser humano para encontrar belleza y trascendencia incluso en medio de las dificultades, un amor que, aunque imperfecto, dejó una huella imborrable en la historia de la literatura y en el corazón de quienes leen las palabras que el poeta escribió para su musa inmortal.

5. Ana Bolena y Enrique VIII: Amor, poder y tragedia en la historia inglesa

La relación entre Ana Bolena y Enrique VIII es una de las historias más fascinantes y trágicas del Renacimiento inglés. Su amor y su consiguiente matrimonio no solo cambiaron el curso de la historia de Inglaterra, sino que también simbolizan los complejos entrelazados entre el poder, la política y el deseo. A través de su historia, se exploran las pasiones humanas, las luchas por el poder y las consecuencias fatales de la ambición, lo que ha hecho que su relación trascienda en el tiempo.

Ana Bolena, nacida alrededor de 1501, era la segunda hija de Thomas Bolena y Lady Elizabeth Howard. Desde temprana edad, Ana fue educada en la corte de los Países Bajos y de Francia, donde adquirió no solo refinamiento y elegancia, sino también un fuerte sentido de ambición y deseo de poder. A su regreso a Inglaterra, fue presentada en la corte del rey Enrique VIII, donde rápidamente llamó la atención por su belleza, inteligencia y carácter indomable.

Ana se convirtió en dama de compañía de Catalina de Aragón, la primera esposa de Enrique, y fue durante este tiempo que comenzó a cautivar al rey. Sin embargo, su relación con Enrique no fue solo un romance; fue un punto de inflexión en la historia religiosa y política de Inglaterra.

Enrique VIII, nacido el 28 de junio de 1491, fue el segundo hijo del rey Enrique VII y de Isabel de York. Ascendió al trono en 1509 y, al principio, se mostró como un monarca capaz y atractivo. Sin embargo, su deseo de un heredero masculino y su frustración por la incapacidad de su esposa Catalina para darle un hijo varón comenzaron a consumirlo. La obsesión de Enrique por asegurar su linaje lo llevó a la búsqueda de nuevas alianzas y matrimonios, lo que resultaría en una ruptura con la Iglesia Católica.

La atracción de Enrique hacia Ana Bolena se intensificó en la década de 1520. A medida que su relación se profundizaba, Enrique se encontró cada vez más frustrado con su matrimonio con Catalina. La negativa del Papa Clemente VII a anular su matrimonio para permitirle casarse con Ana impulsó a Enrique a tomar medidas drásticas. En 1533, Enrique rompió con la Iglesia Católica, fundó la Iglesia de Inglaterra y se casó con Ana, quien estaba embarazada en ese momento.

La boda de Enrique y Ana se celebró en secreto el 25 de enero de 1533, y Ana dio a luz a su primera hija, Isabel, el 7 de septiembre de 1533. Aunque el nacimiento de Isabel fue celebrado, Enrique estaba desesperado por un heredero varón. A lo largo de su matrimonio, Ana sufrió varias pérdidas, incluida la muerte de un hijo, lo que aumentó la tensión en su relación con el rey.

A pesar de sus desventajas, Ana logró influir en la política de la corte. Era una mujer inteligente y carismática que sabía cómo utilizar su poder para apoyar la Reforma Protestante y desestabilizar la posición de Catalina de Aragón y su hija, María. Sin embargo, a medida que pasaba el tiempo, la situación de Ana se volvió cada vez más precaria. La presión por proporcionar un heredero varón se convirtió en un peso aplastante, y su relación con Enrique comenzó a deteriorarse.

La situación llegó a un punto crítico en 1536 cuando Ana fue arrestada bajo acusaciones de traición, adulterio e incesto, muchas de las cuales se cree que fueron fabricadas por sus enemigos en la corte, incluido Thomas Cromwell, un asesor de Enrique. El juicio fue un espectáculo político que culminó en su condena a muerte. Ana fue ejecutada el 19 de mayo de 1536, en la Torre de Londres, dejando un legado de tragedia y manipulación en su estela.

La historia de Ana Bolena y Enrique VIII ha trascendido en el tiempo no solo por su dramática narrativa de amor y poder, sino también por las implicaciones sociales y religiosas de sus acciones. Su romance ha sido objeto de numerosas obras literarias, películas y series de televisión, lo que refleja el interés perdurable por sus vidas y las repercusiones de su relación.

Ana Bolena se ha convertido en un símbolo de la lucha por el poder y la capacidad de las mujeres para influir en el curso de la historia. Su legado vive en la figura de su hija, Isabel I, quien se convertiría en una de las reinas más exitosas y celebradas de la historia inglesa. La influencia de Ana se extendió más allá de su vida, afectando a generaciones de mujeres y marcando un cambio en la relación entre el monarca y la iglesia.

La relación entre Ana Bolena y Enrique VIII es una de las más emblemáticas de la historia, marcada por el amor, la ambición, la tragedia y la transformación social. Su historia es un recordatorio de que, aunque el amor puede ser poderoso, las luchas por el poder, las expectativas sociales y las ambiciones personales a menudo pueden llevar a consecuencias devastadoras. Ana Bolena, con su inteligencia y determinación, se convirtió en una figura icónica que sigue fascinando y resonando en el imaginario colectivo, simbolizando la complejidad del amor y el poder a lo largo de la historia.

6. Ludwig van Beethoven y la "Amada Inalcanzable": Un amor platónico en la vida del genio musical

La vida de Ludwig van Beethoven está marcada no solo por su brillantez musical, sino también por sus intensas experiencias emocionales y románticas. Uno de los capítulos más enigmáticos y fascinantes de su vida amorosa es su relación con su "Amada Inalcanzable", una figura que ha sido objeto de especulación y estudio a lo largo de los años. Aunque la identidad de esta mujer no se conoce con certeza, su influencia en la vida y obra de Beethoven ha dejado una huella indeleble, reflejando tanto el lado positivo como el negativo del amor no correspondido.

Ludwig van Beethoven, nacido el 17 de diciembre de 1770 en Bonn, Alemania, es considerado uno de los más grandes compositores de la historia de la música clásica. Desde joven, mostró un talento excepcional para la música, y su familia, especialmente su padre, lo incentivó a desarrollar sus habilidades. A los 21 años, Beethoven se trasladó a Viena, donde se convirtió en una figura central en la transición del Clasicismo al Romanticismo musical.

A lo largo de su carrera, Beethoven compuso sinfonías, conciertos, sonatas y cuartetos que cambiaron la forma en que se entendía la música. Sus obras, como la Sinfonía No. 9 y la Sonata "Claro de Luna", no solo son ejemplos de genialidad técnica, sino que también están impregnadas de una profunda emocionalidad. Sin embargo, la vida personal de Beethoven estuvo marcada por una serie de luchas, incluida su creciente sordera, que comenzó en su juventud y se convirtió en una discapacidad completa en sus últimos años.

Uno de los aspectos más intrigantes de la vida de Beethoven es su relación con su "Amada Inalcanzable", un amor platónico que se cree que influyó en su música y en su vida emocional. La identidad de esta mujer ha sido objeto de debate y especulación. Algunos biógrafos sugieren que podría haber sido Josephine Brunsvik, una aristócrata húngara que Beethoven conoció en su juventud y por quien experimentó una intensa atracción. Otros nombres que han sido propuestos incluyen a Therese Malfatti y Anna Milder-Hauptmann.

Lo que es indudable es que este amor no correspondido, o al menos no consumado, dejó una marca profunda en el alma del compositor. Sus cartas a esta mujer, especialmente la famosa "Carta a la Amada Inalcanzable", son testimonios de su angustia, su deseo y su idealización del amor. En esta carta, escrita en 1812, Beethoven expresa su dolor y desesperación por no poder tener a la mujer que amaba. Aunque nunca se envió, es una muestra de su vulnerabilidad y anhelos profundos.

El amor de Beethoven por su "Amada Inalcanzable" no solo fue una experiencia personal, sino que también tuvo un impacto significativo en su música. Muchas de sus composiciones de esta época están impregnadas de una melancolía y una pasión que reflejan su lucha interna. La famosa "Sonata para piano No. 32" y su "Cuarteto de cuerdas No. 13" son ejemplos de cómo su angustia personal se tradujo en una belleza musical extraordinaria.

La música de Beethoven a menudo captura la complejidad de sus emociones: la lucha entre el deseo y la desesperación, la esperanza y la tristeza. Su capacidad para transformar el dolor en arte ha resonado profundamente con oyentes de todas las generaciones, convirtiéndolo en un ícono no solo de la música, sino de la expresión humana.

La historia de Beethoven y su "Amada Inalcanzable" ha trascendido en el tiempo por su capacidad de conectar con las emociones humanas universales. El amor no correspondido, la idealización del amor y la búsqueda de la belleza en la vida son temas que resuenan a lo largo de las generaciones. Beethoven, a través de su música y su historia personal, ha logrado plasmar la complejidad de la experiencia humana.

Su vida amorosa ha sido objeto de numerosas biografías, películas y obras literarias que buscan comprender la intersección entre su vida personal y su arte. La carta a su "Amada Inalcanzable" se ha convertido en un símbolo de la angustia del amor platónico y la lucha del artista por encontrar su voz en medio de la desesperación.

La relación entre Ludwig van Beethoven y su "Amada Inalcanzable" es una historia de amor que, aunque nunca se consumó, dejó una huella imborrable en la vida y obra del compositor. Su experiencia con el amor platónico refleja las luchas universales del ser humano: el deseo, la frustración y la búsqueda de la belleza. A través de su música, Beethoven logró transformar su dolor en arte, creando obras que han perdurado a lo largo de los siglos y que siguen tocando el corazón de quienes las escuchan. Su legado no solo es el de un genio musical, sino también el de un ser humano que, como todos, anhelaba amar y ser amado.

7. Salvador Dalí y Gala Éluard: El amor surrealista de un genio artístico

La relación entre Salvador Dalí, uno de los más grandes exponentes del surrealismo, y Gala Éluard, su musa y compañera de vida, es una historia de amor, arte y locura que ha trascendido el tiempo. Su vínculo, intenso y tumultuoso, se convirtió en una parte integral de la vida y la obra de Dalí, reflejando las complejidades del amor en el contexto de la creatividad y la genialidad.

Salvador Dalí nació el 11 de mayo de 1904 en Figueras, España. Desde temprana edad, mostró un talento excepcional para el arte, influenciado por sus estudios en la Escuela de Bellas Artes de San Fernando en Madrid. Dalí se unió al movimiento surrealista en la década de 1920, convirtiéndose rápidamente en una de sus figuras más icónicas. Su estilo distintivo, caracterizado por imágenes oníricas y elementos fantásticos, desafiaba la lógica y exploraba el subconsciente.

Dalí también fue un personaje excéntrico y provocador, conocido por su bigote puntiagudo, su estilo personal y su comportamiento errático. A lo largo de su carrera, su obra abarcó pintura, escultura, cine y fotografía, y se destacó por su capacidad de fusionar la técnica clásica con la innovación vanguardista. Sus pinturas, como "La persistencia de la memoria", son reconocidas mundialmente, y su influencia en el arte moderno es innegable.

Por su parte, Gala Éluard, nacida como Eluard el 7 de septiembre de 1894 en Kazán, Rusia, era una mujer enigmática y carismática que se convirtió en la musa de varios artistas, pero su relación más significativa fue con Dalí. Gala era previamente esposa del poeta surrealista Paul Éluard, pero su conexión con Dalí comenzó en 1929, cuando se conocieron en París. Desde el primer momento, Dalí quedó cautivado por su belleza y su aura.

La relación entre Gala y Dalí fue intensa y apasionada. Gala se convirtió no solo en su amante, sino también en su representante y mánager, desempeñando un papel crucial en el desarrollo de su carrera. Su apoyo y devoción permitieron a Dalí concentrarse en su arte y explorar su creatividad sin distracciones.

La relación entre Dalí y Gala estuvo marcada por un amor profundo, pero también por la posesividad y los celos. Gala se convirtió en el centro de su mundo y su fuente de inspiración. La influencia de Gala se puede observar en muchas de las obras de Dalí, donde su figura y su esencia se entrelazan con los sueños y fantasías del artista.

Sin embargo, su relación no estuvo exenta de conflictos. Gala era conocida por su carácter fuerte y su independencia, lo que a menudo generaba tensiones con Dalí. A pesar de esto, su amor perduró, y Gala se convirtió en su esposa en 1934, en una ceremonia en la que ambos afirmaron su devoción mutua.

La historia de amor entre Salvador Dalí y Gala Éluard ha trascendido por su singularidad y la intensidad emocional que representó. Gala se convirtió en la musa que inspiró algunas de las obras más memorables de Dalí, y su presencia en su vida personal y artística es innegable. El legado de su amor se refleja en la manera en que Dalí abordó temas de pasión, deseo y locura en su obra.

Además, la relación entre Dalí y Gala ha sido objeto de numerosos estudios, películas y biografías, consolidando su lugar en la historia del arte y de las relaciones artísticas. La imagen de la pareja, a menudo retratada en la prensa y en la cultura popular, ha perpetuado la noción del artista y su musa como una combinación inseparable.

El lado positivo de la relación de Dalí y Gala se manifiesta en el impulso creativo que Gala proporcionó a Dalí. Su amor incondicional y su apoyo le permitieron explorar su arte y experimentar con nuevas ideas. Gala era una fuerza estabilizadora en la vida del artista, y su influencia se reflejó en el reconocimiento y el éxito que Dalí alcanzó en el mundo del arte.

Además, su relación desafió las convenciones de la época, mostrando que el amor y el arte pueden coexistir en una forma de expresión única. La combinación de la fuerza creativa de Dalí y la personalidad vibrante de Gala resultó en una sinergia que impulsó el surrealismo y dejó una marca indeleble en la historia del arte.

El lado negativo de su relación también es digno de mención. A pesar de la devoción que compartían, la relación entre Dalí y Gala estuvo plagada de celos y tensiones. La naturaleza posesiva de Dalí a veces se volvía opresiva, lo que generaba conflictos entre ambos. Gala, con su espíritu libre, anhelaba independencia, pero también enfrentaba la presión de ser la musa del artista.

Además, la relación se vio afectada por la fama y la notoriedad de Dalí. A medida que él alcanzaba el éxito internacional, la atención y el escrutinio público sobre su vida personal aumentaron, lo que generó tensiones en su relación. Gala se convirtió en un blanco de los rumores y la especulación, lo que complicó aún más su vínculo.

Gala falleció el 10 de junio de 1982, y su muerte afectó profundamente a Dalí. La pérdida de su musa dejó un vacío en su vida y su arte, y aunque continuó creando, su obra nunca volvió a tener la misma chispa que cuando Gala estaba a su lado. Su relación sigue siendo un símbolo del amor entre un genio creativo y su musa, y su legado perdura en la forma en que ambos se entrelazaron en el arte y en la vida.

Por su parte, Salvador Dalí falleció el 23 de enero de 1989, en Figueres, España, a causa de un paro cardíaco. Tenía 84 años.

La historia de Dalí y Gala nos recuerda que el amor, con todas sus complejidades, puede ser una fuerza poderosa que impulsa a los artistas a explorar las profundidades de su creatividad, desafiando las normas y abrazando la locura de la vida y el arte. Su legado perdura en las obras maestras que crearon juntos y en la memoria colectiva de quienes se sienten atraídos por la belleza del amor y el arte.

8. Heloísa y Abelardo: Un amor prohibido que trascendió la historia

La historia de Heloísa y Abelardo es uno de los relatos de amor más trágicos y románticos de la Edad Media, un testimonio de cómo el amor puede desafiar las normas sociales y religiosas. Su relación ha perdurado a través de los siglos, inspirando a poetas, escritores y filósofos debido a su profundidad emocional y a las dificultades que enfrentaron. La vida de estos dos personajes destaca no solo por su amor apasionado, sino también por su contribución al pensamiento filosófico y literario.

Pedro Abelardo nació en 1079 en Pallet, una pequeña localidad de la región de Nantes, Francia. Desde joven, mostró una mente brillante y se convirtió en uno de los filósofos y teólogos más influyentes de su tiempo. Abelardo fue conocido por su enfoque racional y su habilidad para el debate, lo que le permitió atraer a numerosos estudiantes y seguidores. Se destacó en el uso de la lógica y la dialéctica, lo que lo llevó a ser uno de los primeros pensadores en cuestionar las doctrinas establecidas de la iglesia.

Su trabajo más famoso, "Sic et Non", es un ensayo en el que presenta una serie de contradicciones en los textos sagrados y otras autoridades religiosas, promoviendo el pensamiento crítico y el cuestionamiento. Su enfoque revolucionario atrajo la atención, pero también le valió enemigos en un tiempo en que la ortodoxia era la norma.

A su vez, Heloísa de Argenteuil, nacida alrededor de 1100, era una joven excepcionalmente inteligente y culta, sobrina del canonigo Fulberto, quien la educó. Su inteligencia y talento la distinguieron en una época en que las mujeres tenían acceso limitado a la educación. Heloísa se convirtió en una mujer instruida y comenzó a estudiar las obras de los filósofos y teólogos de su tiempo, lo que la llevó a ser una figura notable en la corte intelectual.

En 1120, Abelardo conoció a Eloísa, que vivía en las islas de Cité con su tío Fulberto. En ese momento, ella probablemente tenía poco más de veinte años y Abelardo decidió seducirla y le ofreció a su tío ser su tutor. En ese momento, ella era conocida por ser una erudita brillante y por su gran conocimiento del latín, el griego y el hebreo.

La conexión intelectual entre ambos se convirtió rápidamente en una atracción romántica, y pronto su relación trascendió la simple amistad académica.

El romance floreció en un ambiente de secreto y pasión, desafiando las normas sociales y religiosas de su época. Abelardo, atrapado entre su deseo por Heloísa y su compromiso con la vida intelectual y religiosa, se convirtió en un amante fervoroso y apasionado.

Sin embargo, su amor prohibido no pasó desapercibido. Cuando la relación se hizo evidente, el tío de Heloísa, Fulberto, se sintió traicionado y ofendido. Ellos se fugaron, tuvieron un hijo que al poco tiempo falleció y debieron pasar infinidad de penas en la clandestinidad. Fueron atrapados tiempo después. En un acto de venganza, Fulberto ordenó que Abelardo fuera castrado. Este suceso marcó un punto de inflexión en sus vidas y puso fin a su relación física.

La historia de Heloísa y Abelardo ha trascendido por su trágica narrativa de amor, deseo y sufrimiento. La dualidad de su relación, que abarcó la pasión y la intelectualidad, ha resonado a lo largo de los siglos. Su correspondencia, en la que se intercambiaron cartas profundamente emotivas, refleja la lucha entre su amor y las expectativas sociales, mostrando el dolor y la pérdida que experimentaron.

Los textos de Abelardo y Heloísa han sido estudiados por su profundidad emocional y su relevancia filosófica. La pareja es recordada no solo como amantes, sino también como figuras intelectuales que desafiaron las normas de su tiempo, contribuyendo al desarrollo del pensamiento medieval.

El lado positivo de la relación entre Heloísa y Abelardo radica en la conexión intelectual que compartieron. Ambos eran pensadores profundos y sus interacciones fomentaron un intercambio de ideas que enriqueció sus vidas. Heloísa, a pesar de las limitaciones de su tiempo, se convirtió en una voz potente en el ámbito del pensamiento crítico, gracias a su relación con Abelardo.

La correspondencia entre ambos también ha dejado un legado literario invaluable. Las cartas que intercambiaron, en particular, se consideran obras maestras del amor y la pasión, expresando sus sentimientos de manera elocuente y conmovedora. Estos escritos han inspirado a generaciones de lectores y escritores, manteniendo vivo su amor a lo largo de la historia.

No obstante, el amor de Heloísa y Abelardo estuvo marcado por la tragedia y el sufrimiento. La castración de Abelardo y la separación forzada que siguió llevaron a una vida de dolor y desilusión para ambos. Heloísa se retiró a un convento, donde se convirtió en abadesa, mientras que Abelardo se dedicó a la vida monástica, lo que marcó el final de su relación romántica.

La tragedia de su historia resalta las dificultades que enfrentaron como amantes en un mundo que no aceptaba su unión. La separación forzada y el sufrimiento que soportaron son un recordatorio de cómo las normas sociales y religiosas pueden oprimir el amor y la felicidad.

A pesar de los desafíos, la historia de Heloísa y Abelardo sigue siendo un poderoso símbolo del amor verdadero y la lucha por la libertad emocional e intelectual. Su vida y su relación se han convertido en una fuente de inspiración para poetas, filósofos y artistas a lo largo de los siglos. La dualidad de su amor, lleno de pasión y sufrimiento, ha resonado en la cultura popular y ha sido reinterpretado en diversas formas.

Su legado perdura en la literatura, la filosofía y la historia del amor. Heloísa y Abelardo se han convertido en arquetipos de los amantes trágicos, recordándonos que el amor verdadero, a pesar de las adversidades, puede desafiar el tiempo y las convenciones. Su historia sigue siendo una reflexión sobre el deseo, la razón y las luchas que enfrentan aquellos que aman de manera profunda y auténtica.

9. Karl Marx y Jenny von Westphalen: Un amor revolucionario

La relación entre Karl Marx y Jenny von Westphalen es una de las historias de amor más apasionantes y duraderas de la historia moderna. A pesar de vivir en medio de grandes dificultades económicas y políticas, el matrimonio entre Marx y Jenny fue un pilar central en la vida del filósofo alemán. Su historia de amor trascendió las barreras sociales, las presiones económicas y las persecuciones políticas, y ha perdurado como un testimonio de compromiso, lealtad y apoyo mutuo en un contexto de adversidad.

Karl Marx nació el 5 de mayo de 1818 en Tréveris, Prusia (actual Alemania). Marx se convertiría en uno de los filósofos más influyentes de la historia, conocido por su desarrollo del materialismo histórico y sus teorías sobre la lucha de clases, plasmadas en obras como "El manifiesto comunista" y "El capital". A lo largo de su vida, Marx luchó no solo contra las injusticias sociales que denunciaba, sino también contra las dificultades personales y económicas que marcaron su existencia.

A pesar de la agitación de su vida intelectual y política, Marx encontró en Jenny von Westphalen una compañera inquebrantable, una mujer de gran fortaleza que compartía sus ideales y lo apoyó en sus momentos más difíciles.

Johanna Bertha Julie Jenny von Westphalen, nacida el 12 de febrero de 1814 en Salzwedel, Prusia, provenía de una familia aristocrática. Su padre, el barón Ludwig von Westphalen, era un alto funcionario prusiano con ideas progresistas que influyó en la formación de Jenny. A pesar de ser educada en un entorno de privilegio, Jenny siempre mostró inclinaciones por la filosofía, la política y las causas sociales.

Desde temprana edad, Jenny fue conocida por su belleza, inteligencia y espíritu independiente. Cuando conoció a Karl Marx, ambos compartieron una profunda conexión intelectual y emocional, a pesar de las diferencias de clase. Para una mujer de la aristocracia prusiana, el compromiso con un hombre como Marx, sin recursos económicos y con ideas revolucionarias, representaba un acto audaz y poco común en su época.

La relación entre Karl Marx y Jenny von Westphalen comenzó cuando ambos eran jóvenes en Tréveris. A pesar de las diferencias sociales entre ellos, se comprometieron en secreto en 1836, cuando Jenny tenía 22 años y Marx 18. Este compromiso fue un desafío a las normas sociales de la época, ya que se esperaba que una mujer aristócrata se casara dentro de su clase.

Tras varios años de compromiso y separación debido a los estudios de Marx, se casaron el 19 de junio de 1843 en Kreuznach. Desde ese momento, Jenny no solo se convirtió en la esposa de Marx, sino también en su colaboradora más cercana. Aunque no era escritora ni teórica en el sentido formal, Jenny desempeñó un papel crucial en la vida de Marx, ayudando a editar y organizar sus escritos y brindándole un apoyo emocional constante.

A lo largo de su matrimonio, la pareja tuvo siete hijos, aunque solo tres de ellos sobrevivieron hasta la edad adulta. La vida familiar de los Marx estuvo marcada por la pobreza y la inestabilidad. Vivieron en condiciones muy precarias, particularmente durante su exilio en Londres, donde sufrieron penurias económicas y la pérdida de varios hijos. Sin embargo, su amor y compromiso mutuo nunca flaquearon.

A lo largo de los años, Jenny fue una figura de fortaleza inquebrantable para Marx. No solo se encargaba de la gestión del hogar, sino que también desempeñaba un papel importante en la carrera de su esposo, ayudando a corregir manuscritos y apoyando sus esfuerzos intelectuales. Marx la apodaba cariñosamente "mi baronesa", reconociendo la nobleza de su esposa tanto en su carácter como en su origen.

Jenny también compartió las ideas revolucionarias de su esposo, aunque ella misma nunca se involucró directamente en la política. Fue una compañera que no solo lo apoyaba en lo personal, sino también en lo político e ideológico, siendo una de sus lectoras más críticas y una de las primeras en compartir sus inquietudes sobre los problemas sociales de la época.

Además, a pesar de las dificultades económicas que enfrentaron, el amor y la devoción que Jenny sentía por Marx no se desvanecieron. Su compromiso se mantuvo firme incluso cuando su vida estuvo marcada por la tragedia y el exilio. A menudo sacrificó su bienestar personal y el de sus hijos por la causa de su marido, mostrando una lealtad y dedicación que pocos matrimonios han conocido.

A pesar de su cercanía emocional, la vida de Jenny junto a Marx estuvo plagada de sacrificios y sufrimiento. La pobreza crónica que los persiguió, especialmente durante sus años en Londres, fue una carga abrumadora para Jenny. A menudo se encontraba sin los recursos básicos para cuidar a sus hijos, y la muerte de varios de ellos fue un golpe devastador para ambos.

La dedicación de Jenny a Marx también implicó una vida de renuncias personales. Aunque venía de una familia aristocrática, se vio obligada a soportar la pobreza extrema y la incertidumbre constante. Su papel como esposa y madre a menudo eclipsaba cualquier ambición personal que pudiera haber tenido, y el trabajo intelectual de Marx siempre fue la prioridad.

Además, la relación tuvo sus tensiones. Aunque Marx la amaba profundamente, también se sabe que mantuvo una relación extramarital con su ama de llaves, Helene Demuth, quien dio a luz a un hijo, Frederick Demuth, en 1851. Este hecho fue un golpe doloroso para Jenny, aunque el asunto fue mantenido en secreto para la mayoría de sus contemporáneos y no afectó su lealtad hacia Marx.

La historia de amor entre Karl Marx y Jenny von Westphalen ha trascendido en el tiempo porque representa un ejemplo de amor y compromiso inquebrantable en circunstancias extremadamente difíciles. Su matrimonio fue una unión de ideales, donde Jenny desempeñó un papel crucial en la vida de uno de los pensadores más influyentes de la historia moderna.

Jenny ha sido recordada como la compañera y apoyo emocional de Marx, pero su importancia va mucho más allá de ser solo "la esposa de". Fue una mujer inteligente, fuerte y valiente, que luchó junto a su marido en su búsqueda por cambiar el mundo. A pesar de las dificultades, su amor perduró, y su sacrificio y lealtad hacia Marx y su causa revolucionaria la han convertido en una figura inspiradora.

10. John Lennon y Yoko Ono: Un amor que rompió barreras

La relación entre John Lennon y Yoko Ono es una de las más célebres y polémicas de la historia contemporánea. Su historia de amor, arte y activismo trascendió las fronteras de la música y la cultura popular, marcando un antes y un después en la vida pública de ambos. Mientras muchos la ven como una relación que personificó el poder del amor y la creatividad, otros la consideran como un catalizador de tensiones, especialmente dentro de The Beatles. A pesar de las críticas y controversias, su vínculo personal y artístico perdura en la memoria colectiva como un símbolo de rebelión, cambio y compromiso mutuo.

John Lennon nació el 9 de octubre de 1940 en Liverpool, Inglaterra. Desde joven, mostró una inclinación hacia la música, y con el tiempo se convirtió en el cofundador y uno de los miembros más icónicos de The Beatles, la banda que revolucionó la música pop en la década de 1960. Lennon, junto con Paul McCartney, escribió algunos de los mayores éxitos de la banda, convirtiéndose en una leyenda musical.

Aunque su éxito con The Beatles fue monumental, Lennon también era un hombre en busca de significado personal y de una nueva forma de expresar sus pensamientos y emociones. En la cúspide de su carrera, conoció a Yoko Ono, una artista conceptual japonesa, lo que cambiaría su vida para siempre.

Yoko Ono, nacida el 18 de febrero de 1933 en Tokio, Japón, provino de una familia aristocrática. Desde joven, Ono se destacó por su mente independiente y su inclinación hacia las artes. Se mudó a Nueva York en los años 50 y se sumergió en el mundo del arte de vanguardia y la performance. Sus trabajos desafiaban las normas tradicionales del arte, y sus ideas creativas a menudo eran vistas como radicales e incomprendidas.

Cuando conoció a Lennon en 1966 en una exposición de su obra en Londres, ambos sintieron una inmediata conexión emocional e intelectual. Yoko había estado casada anteriormente, al igual que Lennon, pero entre ellos surgió un vínculo que pronto trascendió cualquier compromiso anterior.

La relación entre John Lennon y Yoko Ono comenzó de manera clandestina, ya que Lennon estaba casado con Cynthia Powell, con quien tenía un hijo, Julian Lennon. Sin embargo, la atracción entre Lennon y Ono fue tan fuerte que John dejó su matrimonio para estar con Yoko. Se casaron el 20 de marzo de 1969 en Gibraltar, y desde entonces se convirtieron en una de las parejas más públicas y mediáticas del siglo XX.

Su matrimonio no fue simplemente una unión romántica; también fue una colaboración artística y política. Desde el principio, John y Yoko utilizaron su relación como una plataforma para sus ideas pacifistas y de activismo social. Uno de sus actos más simbólicos fue su "Bed-In" en marzo de 1969, una protesta no violenta por la paz mundial, en la que ambos permanecieron en la cama de su hotel mientras recibían a la prensa para hablar sobre la paz. El evento atrajo la atención de medios internacionales y consolidó su imagen como activistas.

La influencia de Yoko en la vida de Lennon fue profunda. Le ayudó a expandir sus horizontes artísticos, alejándolo de las estructuras comerciales de The Beatles y llevándolo hacia formas de expresión más abstractas y experimentales. Su música, a partir de entonces, estuvo marcada por un enfoque más personal e introspectivo, como lo demuestra el álbum "John Lennon/Plastic Ono Band".

El lado positivo de la relación entre John Lennon y Yoko Ono radica en la libertad creativa y personal que ambos encontraron en su unión. Lennon, quien había vivido una vida de constante atención mediática y presiones profesionales dentro de The Beatles, encontró en Yoko un refugio y una compañera que lo comprendía a nivel artístico y emocional. Yoko fue instrumental en ayudar a Lennon a explorar su individualidad, empujándolo a tomar riesgos creativos y alejándose de la música pop convencional.

La relación entre ambos también fue un símbolo poderoso de libertad y transgresión. En una época en la que las relaciones interraciales y las uniones no convencionales eran objeto de prejuicios, Lennon y Ono desafiaron esas barreras. Juntos, promovieron ideales de paz y amor que resonaron en una generación que buscaba cambios sociales y políticos, particularmente durante la Guerra de Vietnam. Su famosa canción "Give Peace a Chance" se convirtió en un himno del movimiento pacifista.

Además, su relación artística fue fructífera, colaborando en numerosas ocasiones. Su álbum "Double Fantasy", lanzado en 1980 poco antes de la muerte de Lennon, fue un testamento a su colaboración creativa, fusionando sus visiones artísticas en un diálogo musical.

Sin embargo, la relación entre John Lennon y Yoko Ono no estuvo exenta de controversias y tensiones. Para muchos fanáticos de The Beatles, Yoko fue vista como una figura divisoria, a quien culparon en parte por la separación de la banda en 1970. Aunque las razones de la disolución de The Beatles fueron complejas y múltiples, la influencia de Yoko en Lennon y su creciente interés en proyectos artísticos y personales alejados de la banda alimentaron estas percepciones.

Además, la relación fue marcada por momentos de inestabilidad emocional y separación. En 1973, Lennon y Ono pasaron por una crisis que resultó en un breve periodo de ruptura conocido como el "Lost Weekend" de Lennon, en el cual mantuvo una relación con su asistente personal, May Pang, durante aproximadamente 18 meses. Aunque Lennon y Yoko se reconciliaron en 1975, este periodo reveló las dificultades y tensiones en su relación.

Otro aspecto negativo fue la constante exposición mediática y las críticas que ambos recibieron, especialmente Yoko. La prensa y muchos seguidores de Lennon veían a Yoko como una intrusa en el mundo del rock, y la atacaban tanto por su influencia sobre Lennon como por su propio arte, que muchos consideraban extraño o incomprensible. Yoko fue víctima de racismo y sexismo, y a menudo fue retratada como la villana de la historia.

A pesar de las controversias, la relación entre John Lennon y Yoko Ono ha perdurado como uno de los romances más icónicos de la cultura moderna. Su amor y su colaboración artística rompieron las barreras tradicionales de lo que se esperaba de una pareja famosa. Juntos, promovieron el arte como una herramienta de cambio social y exploraron la intersección entre la música, el activismo y el amor.

Tras el asesinato de Lennon el 8 de diciembre de 1980, Yoko continuó su legado, manteniendo viva su memoria y su mensaje de paz. Su relación se ha convertido en un símbolo de cómo el amor y el arte pueden fusionarse para desafiar el status quo y luchar por ideales más altos. Aunque muchas veces fueron incomprendidos o criticados, su unión sigue siendo recordada como un ejemplo de compromiso mutuo, tanto en lo personal como en lo artístico.

11. Marilyn Monroe y Arthur Miller: Una relación entre la fama y la intelectualidad

La relación entre Marilyn Monroe y Arthur Miller fue una de las más inesperadas y complejas de la época dorada de Hollywood. A simple vista, representaban mundos opuestos: ella, el icono máximo de la belleza y el glamour de la pantalla, y él, uno de los dramaturgos más respetados de Estados Unidos, conocido por su profunda introspección sobre la condición humana. Sin embargo, su relación, que terminó en matrimonio, fue un intento de ambos por encontrar en el otro un refugio emocional y una conexión intelectual. Aunque terminó en separación, su historia de amor ha perdurado como un ejemplo de la tensión entre la fama y la búsqueda de sentido más allá de los reflectores.

Marilyn Monroe, nacida como Norma Jeane Mortenson el 1 de junio de 1926 en Los Ángeles, California, es recordada como uno de los símbolos sexuales más grandes de la historia del cine. Detrás de su imagen de "rubia tonta", Monroe era una mujer profunda, que luchaba con inseguridades y con un pasado lleno de dificultades, incluyendo la ausencia de su padre y los problemas mentales de su madre. Aunque proyectaba una imagen de confianza en sus películas y frente a las cámaras, Marilyn buscaba constantemente una validación más profunda que la que el público y la industria cinematográfica le ofrecían.

Monroe era consciente de que muchos la veían solo como un objeto de deseo, pero deseaba más que nada ser reconocida como una actriz seria. Esto la llevó a estudiar en el Actor's Studio de Nueva York, donde se involucró más en el teatro y en la búsqueda de un sentido artístico más profundo en su carrera. Fue en ese contexto donde conoció a Arthur Miller, un hombre que representaba para ella todo lo que le faltaba: intelecto, profundidad y una perspectiva del mundo que iba más allá del superficial brillo de Hollywood.

Por su lado, Arthur Miller nació el 17 de octubre de 1915 en Nueva York, y desde una edad temprana se destacó por su habilidad para escribir sobre las tensiones internas del ser humano y las presiones de la sociedad. Sus obras más reconocidas, como "Muerte de un viajante" (1949) y "Las brujas de Salem" (1953), abordan temas como el fracaso, la culpa y la búsqueda de identidad en un mundo lleno de expectativas imposibles.

Para Miller, el arte era una forma de reflexionar sobre las luchas internas del ser humano, y su visión del mundo era mucho más intelectual y crítica que la de Hollywood. Aunque ya era un hombre respetado en los círculos literarios y teatrales, su vida cambió dramáticamente cuando comenzó su relación con Monroe, una mujer que simbolizaba todo aquello que él criticaba en términos de fama y superficialidad.

Monroe y Miller se conocieron en 1951, cuando ella estaba comenzando a ganar notoriedad en Hollywood. Sin embargo, fue en 1955, cuando Monroe ya era una estrella establecida, que se reencontraron y comenzaron una relación seria. En ese momento, Monroe estaba cansada de las relaciones superficiales y del constante escrutinio de la prensa, mientras que Miller había terminado su matrimonio de más de una década. Ambos se vieron mutuamente como un escape de sus respectivos mundos.

Marilyn veía en Arthur a un hombre intelectual, diferente a los hombres que había conocido en Hollywood. Él la trataba con respeto y admiración por su mente, no solo por su belleza. Por su parte, Miller encontraba en Monroe una mujer mucho más compleja de lo que el mundo veía, alguien que buscaba desesperadamente algo más profundo que la fama.

Se casaron el 29 de junio de 1956, en una ceremonia privada en Nueva York, y luego en una boda judía más formal. En ese momento, su matrimonio fue un tema de interés mundial, ya que pocos podían entender cómo una estrella de cine como Monroe y un dramaturgo intelectual como Miller podían haber formado un vínculo tan fuerte.

Al principio, el matrimonio entre Monroe y Miller parecía idílico. Él se convirtió en un apoyo emocional para ella, y ella, en su musa. Miller escribió el guion de "The Misfits" (1961), una película hecha a medida para Marilyn, y que sería su última gran actuación en el cine. Sin embargo, las presiones comenzaron a desgastar la relación.

Monroe sufría de depresión, adicciones y una profunda inseguridad sobre su valía más allá de su imagen pública. Mientras tanto, Miller enfrentaba su propia lucha interna, sintiendo el peso de las expectativas de ser el marido de una de las mujeres más famosas del mundo. Su relación comenzó a agrietarse bajo el escrutinio constante de la prensa y las presiones de Hollywood, que no cesaban de poner a Monroe en el foco de atención por sus problemas personales.

La pérdida de un embarazo en 1957 fue un duro golpe para Monroe, quien siempre deseó ser madre. Este hecho, combinado con la presión de mantenerse como una estrella en Hollywood y sus problemas de salud mental, comenzó a distanciar a la pareja. Miller, aunque intentaba ser un apoyo, se sintió abrumado por la situación. Su relación comenzó a desmoronarse lentamente, y las tensiones entre ambos se hicieron más evidentes durante el rodaje de "The Misfits". Miller se distanció emocionalmente, mientras que Monroe se hundía cada vez más en sus problemas de salud mental y abuso de sustancias.

La relación entre Marilyn Monroe y Arthur Miller radicó en el deseo mutuo de ser más que sus circunstancias. Monroe veía en Miller la posibilidad de trascender su imagen pública y ser respetada como una actriz seria, mientras que Miller veía en Monroe una mujer profundamente compleja, más allá del símbolo sexual que el mundo percibía.

Durante su tiempo juntos, ambos se desafiaron intelectual y emocionalmente. Miller fue una figura que ayudó a Monroe a profundizar en su amor por la literatura, la política y el arte. Por otro lado, Monroe fue una musa para Miller, inspirándolo a explorar nuevas dimensiones de la naturaleza humana en su escritura.

El lado oscuro de su relación fue la tensión constante entre el deseo de Monroe de ser vista como algo más que una estrella de cine y las exigencias que eso imponía en su matrimonio. Monroe, que sufría de profundas inseguridades, encontró en Miller a alguien que, aunque la amaba, también se alejaba de ella en momentos críticos. Además, la presión pública y la adicción de Monroe pusieron una inmensa carga emocional en ambos, llevándolos a un punto de ruptura.

El éxito profesional de Miller contrastaba con las luchas de Monroe por mantenerse estable emocionalmente, lo que generó un desequilibrio en la relación. Aunque intentaron salvar su matrimonio, sus diferencias personales y los problemas de salud mental de Marilyn los llevaron al divorcio en 1961.

La relación entre Marilyn Monroe y Arthur Miller ha trascendido en el tiempo porque representa la unión de dos figuras emblemáticas de sus respectivos mundos: el glamour de Hollywood y la profundidad intelectual del teatro. Su historia es un reflejo de cómo las relaciones entre personas de distintos mundos pueden ser tanto enriquecedoras como devastadoras.

Para muchos, su relación simboliza la lucha de Monroe por ser más que un ícono de belleza, mientras que, para otros, es un testimonio de cómo incluso el amor entre dos personas brillantes puede sucumbir a las presiones externas y a las batallas internas.

Después de su divorcio, Monroe continuó luchando con sus demonios personales hasta su trágica muerte en 1962. Miller, por su parte, siguió siendo una figura prominente en el teatro, aunque su tiempo con Monroe lo marcó profundamente. "The Misfits", la película que escribió para ella sigue siendo una obra clave para entender tanto su relación como el impacto que Monroe tuvo en su vida creativa.

12. Virginia Woolf y Vita Sackville-West: Un amor Literario y emocional que desafió convenciones

La relación entre Virginia Woolf y Vita Sackville-West es una de las historias de amor más fascinantes e influyentes del siglo XX, especialmente dentro del contexto literario. Aunque ambas eran mujeres casadas y mantenían sus vidas públicas en matrimonios heterosexuales, su conexión fue profunda, intelectual y emocional. Este vínculo trascendió las fronteras del simple romance, influyendo significativamente en la obra de Woolf y cimentando su lugar en la historia como una relación que desafiaba las convenciones de la época. A través de esta relación, se exploraron no solo los límites del amor romántico, sino también las dinámicas de poder, identidad y creación artística.

Virginia Woolf, nacida el 25 de enero de 1882 en Londres, fue una de las escritoras más influyentes de su tiempo, conocida por obras como "La señora Dalloway" (1925), "Al faro" (1927) y "Orlando" (1928). Woolf es célebre por sus innovaciones en el estilo narrativo, especialmente el monólogo interior y el flujo de conciencia, que utilizaba para explorar la psicología humana y las experiencias más íntimas de sus personajes.

A lo largo de su vida, Woolf luchó con episodios de depresión y problemas de salud mental, lo que a menudo se refleja en la profundidad emocional y la sensibilidad psicológica de su escritura. Estaba casada con Leonard Woolf, un editor y escritor que fue un apoyo fundamental para ella, tanto en su vida personal como en su carrera literaria. Sin embargo, su matrimonio, aunque fuerte en términos de compañerismo, no impedía que Virginia Woolf explorara relaciones emocionales más allá de los límites tradicionales, especialmente en la compleja relación que mantuvo con Vita Sackville-West.

Vita Sackville-West, nacida el 9 de marzo de 1892 en Knole House, Kent, era miembro de la aristocracia británica. Aunque provenía de una familia de abolengo, Vita era también una destacada escritora, poeta y jardinera. Su obra literaria incluye novelas como "The Edwardians" (1930) y "All Passion Spent" (1931), pero también es recordada por su intensa vida personal, que desafió las normas de género y sexualidad de la época.

Sackville-West estaba casada con el diplomático y escritor Harold Nicolson, con quien mantenía una relación abierta. Ambos compartían una comprensión mutua de sus inclinaciones sexuales y relaciones extramatrimoniales. Mientras Vita tenía relaciones con otras mujeres, Harold también tenía relaciones con hombres. Su matrimonio fue una fuente de estabilidad en un tiempo en que tales disposiciones eran consideradas radicales, y ambos apoyaban sus respectivas carreras artísticas.

Virginia Woolf y Vita Sackville-West se conocieron en 1922 a través de círculos literarios comunes, ya que ambas eran figuras destacadas del Bloomsbury Group, un grupo de intelectuales y artistas de élite que desafiaba las normas sociales de su tiempo. Vita, diez años menor que Virginia, quedó fascinada por la mente de Woolf, mientras que Virginia se sintió atraída por la seguridad de Vita y su vida fascinante, llena de aventuras y desvíos de las convenciones.

Su relación comenzó como una amistad que pronto se volvió íntima y romántica. A lo largo de su relación, se enviaron cartas llenas de afecto, humor y confesiones personales. Estas cartas, muchas de las cuales sobreviven, son prueba del fuerte vínculo emocional entre ellas. Aunque su relación no fue siempre sexual, fue profundamente íntima, y Vita se convirtió en una fuente de inspiración para Woolf.

El aspecto más conocido y duradero de la relación entre Woolf y Sackville-West es la novela "Orlando" (1928). Este libro, que es uno de los más experimentales de Woolf, fue escrito como una especie de carta de amor a Vita. La obra narra la historia de un joven noble que vive a través de varios siglos, cambiando de sexo en el proceso. Orlando es una celebración de la fluidez de género y del carácter inmutable del amor, independientemente del tiempo o del cuerpo.

El personaje de Orlando está inspirado en Vita, tanto en su aspecto físico como en su ambigüedad de género, que desafiaba las expectativas de la feminidad tradicional. En esta obra, Woolf explora el poder del amor y la identidad más allá de las fronteras convencionales, reflejando la relación única que mantenía con Sackville-West. Para muchos, "Orlando" no solo es una obra maestra literaria, sino también un testimonio de cómo el amor entre dos personas puede ser transformador, creativamente estimulante y revolucionario.

El lado positivo de la relación entre Virginia Woolf y Vita Sackville-West es indudable en el impacto que tuvo en la vida y obra de ambas. Woolf encontró en Vita una fuente de alegría, admiración y libertad emocional. Su relación no solo le brindó consuelo emocional en tiempos de dificultades, sino que también fue una chispa creativa que llevó a la creación de una de sus obras más significativas, "Orlando".

Vita, por su parte, se vio profundamente influenciada por la brillantez de Woolf. Ambas compartían una profunda admiración mutua por sus logros intelectuales, y aunque sus personalidades eran muy diferentes —Vita más práctica y aventurera, y Virginia más introspectiva y emocional—, encontraron en su relación una combinación perfecta de estimulación emocional y mental. El hecho de que ambas mujeres estuvieran casadas con hombres que entendían y aceptaban esta relación fue también un testimonio de los tiempos y del círculo progresista en el que se movían.

El lado negativo de la relación se centró en las diferencias personales y emocionales que eventualmente crearon distancia entre ellas. Vita, quien tenía una naturaleza más estable emocionalmente, no siempre entendía las profundidades de las luchas internas de Woolf, quien sufría de episodios de depresión severa y angustia mental. Por otro lado, Woolf a veces sentía que Vita no compartía su intensidad emocional, y aunque la relación fue intensa en su momento, comenzó a enfriarse con el tiempo.

Además, la relación siempre estuvo limitada por las convenciones sociales y los propios matrimonios de ambas mujeres, lo que impidió que fuera más que una conexión emocional y artística, al menos públicamente. A medida que sus vidas tomaron diferentes rumbos, la relación romántica se disolvió, aunque mantuvieron una amistad duradera hasta la muerte de Woolf en 1941.

La relación entre Virginia Woolf y Vita Sackville-West ha trascendido en el tiempo no solo por su naturaleza poco convencional, sino también por el impacto que tuvo en la literatura y en la representación del amor entre mujeres en un momento en que tales relaciones rara vez se discutían abiertamente. Su vínculo fue más que un simple romance: fue una colaboración artística y emocional que produjo una obra literaria duradera y mostró al mundo que el amor no tiene que ajustarse a las normas tradicionales para ser poderoso y significativo.

"Orlando" sigue siendo uno de los textos más importantes sobre la fluidez de género y sexualidad, y es visto como un manifiesto de la capacidad del amor para trascender las categorías tradicionales. La relación entre Woolf y Sackville-West es recordada como un ejemplo de cómo las conexiones emocionales profundas pueden cambiar vidas y crear arte que perdura más allá del tiempo en que fue concebido.

13. Alfred de Musset y George Sand: Un amor tempestuoso que marcó la literatura romántica

La relación entre Alfred de Musset y George Sand es una de las más apasionadas, tormentosas y comentadas del siglo XIX. Estos dos gigantes literarios del Romanticismo francés vivieron un romance lleno de altibajos, marcado por el amor, la admiración mutua, los celos y la traición. Su relación ha trascendido en el tiempo no solo por su intensidad, sino también por el profundo impacto que tuvo en sus respectivas obras literarias. Este amor, con su mezcla de creatividad y sufrimiento, personifica los ideales del Romanticismo: la exaltación de las emociones, la libertad individual y el poder transformador del amor.

George Sand, nacida como Amandine Aurore Lucile Dupin el 1 de julio de 1804, fue una escritora prolífica, conocida por sus novelas, ensayos y cartas que desafiaron las convenciones de la época. Sand, quien adoptó un seudónimo masculino para poder publicar y ser tomada en serio en el mundo literario dominado por hombres, es considerada una de las autoras más influyentes del siglo XIX. Su obra aborda temas como la libertad personal, la justicia social y los derechos de las mujeres.

Además de su literatura, George Sand fue conocida por su estilo de vida poco convencional. A menudo vestía ropa masculina, fumaba en público y vivía su vida con una independencia que contrastaba con los estándares de la época. Sand tuvo varias relaciones amorosas con hombres destacados del mundo del arte y la política, pero fue su romance con Alfred de Musset el que capturó la imaginación del público.

Por su lado, Alfred de Musset, nacido el 11 de diciembre de 1810, fue un poeta, dramaturgo y novelista francés, y uno de los principales exponentes del Romanticismo. Su obra está impregnada de un profundo sentido de melancolía, pasión y desesperación, reflejando a menudo sus propias luchas personales con el amor y la decepción. Musset fue conocido por su vida bohemia, su inclinación hacia los excesos y su sensibilidad emocional extrema.

Antes de conocer a George Sand, Musset ya había escrito algunas de sus mejores obras, pero su relación con Sand lo llevó a escribir textos que pasaron a la historia como los más intensos y dolorosos de su carrera. A lo largo de su vida, Musset buscó el amor ideal, pero también fue un hombre de deseos fluctuantes, lo que convirtió su relación con Sand en un campo de batalla emocional.

George Sand y Alfred de Musset se conocieron en 1833, cuando Sand ya era una autora consagrada y Musset una figura emergente en la literatura romántica. Desde el principio, su relación estuvo marcada por una atracción mutua intensa. Sand, 6 años mayor que Musset, quedó impresionada por la juventud, la vitalidad y el talento del poeta, mientras que Musset se sintió cautivado por la inteligencia y el espíritu libre de Sand. Pronto iniciaron un romance que se convirtió en uno de los más tumultuosos y comentados de la época.

En 1834, la pareja viajó a Venecia con la esperanza de encontrar paz y renovar su amor lejos de las presiones de París. Sin embargo, este viaje resultó ser el clímax de su relación y también el principio del fin. Durante su estancia en la ciudad, Musset enfermó gravemente, lo que puso a prueba la relación. Sand cuidó de él con devoción, pero también comenzó a acercarse al médico que lo atendía, el doctor Pagello, lo que despertó los celos de Musset.

Musset, cuya salud física y emocional se deterioraba, se sumergió en una espiral de desconfianza, celos y desesperación. Finalmente, la relación comenzó a desmoronarse. Aunque ambos intentaron reconciliarse, la tensión entre ellos era insostenible. Musset regresó a París antes que Sand, quien permaneció en Venecia con Pagello durante algún tiempo.

A su regreso a París, la relación entre Musset y Sand continuó de manera intermitente. Se distanciaron, reconciliaron y volvieron a separarse en varias ocasiones, en una dinámica llena de drama, cartas apasionadas y promesas no cumplidas. Sin embargo, su amor terminó definitivamente en 1835, cuando ambos decidieron que su relación era demasiado dañina para continuar.

A pesar del dolor, la ruptura fue una fuente de inspiración tanto para Musset como para Sand. Musset, profundamente afectado por el fin de su romance, canalizó su angustia en su obra "La Confesión de un hijo del siglo" (1836), una novela semiautobiográfica que describe su desilusión con el amor y el mundo en general. En esta obra, Musset retrata el conflicto entre el idealismo romántico y la dura realidad de la vida y las relaciones.

Por su parte, George Sand también reflejó su relación en su novela "Elle et Lui" (1859), una narración sobre su romance con Musset desde su perspectiva. En esta obra, Sand defendía su posición y cuestionaba el comportamiento inmaduro y autodestructivo de Musset, aunque también reconocía la intensidad de su amor por él. En respuesta, el hermano de Musset, Paul, publicó "Lui et Elle", una versión de los hechos que apoyaba a Alfred, lo que añadió más controversia al ya complejo legado de esta relación.

La historia de amor entre Alfred de Musset y George Sand ha trascendido en el tiempo por su simbolismo dentro del movimiento romántico. Encarnaron el arquetipo de los amantes apasionados cuya relación, aunque destructiva, dio lugar a una obra literaria de gran relevancia. La dinámica de su relación, llena de amor, celos, traición y dolor, sigue fascinando a lectores y estudiosos que ven en ellos un ejemplo de cómo el arte puede florecer en medio del sufrimiento.

Su romance también fue significativo porque representaba la lucha entre las aspiraciones románticas idealizadas y las realidades prácticas del amor en la vida cotidiana. Musset y Sand, con sus personalidades contrastantes, personificaban esa lucha, que es una de las grandes temáticas del Romanticismo: la tensión entre el deseo humano de trascendencia emocional y las limitaciones inherentes de las relaciones.

La relación entre Alfred de Musset y George Sand fue un torbellino de emociones que dejó una huella indeleble en la historia de la literatura. Su amor, lleno de pasión y conflicto, se convirtió en el motor de algunas de las obras más importantes de ambos escritores, y aunque su relación fue breve y dolorosa, ha perdurado como un símbolo de los excesos y los desafíos del amor romántico. Su historia sigue siendo un recordatorio de que el amor, en su forma más intensa, puede ser tanto una fuente de creación como de destrucción, un tema central del Romanticismo y de la experiencia humana en general.

14. El Cid y Jimena Díaz: Una historia de amor, lealtad y leyenda

La relación entre Rodrigo Díaz de Vivar, conocido como El Cid Campeador, y Jimena Díaz es una de las historias de amor más icónicas de la historia de España, que ha trascendido no solo por la grandeza militar y política de Rodrigo, sino también por el compromiso y la lealtad que ambos mostraron en tiempos de dificultades y adversidad. Esta relación, inmortalizada en el Cantar de mio Cid y en la tradición popular española, representa el vínculo entre el amor, la devoción y el deber en una época de guerras, traiciones y reconquistas.

Rodrigo Díaz de Vivar nació en 1043 en el pequeño pueblo de Vivar, cerca de Burgos, en el Reino de Castilla. Proveniente de una familia noble, se destacó como un hábil guerrero y estratega militar, ganándose el respeto y la fama en las cortes de Castilla y Aragón. Durante su vida, Rodrigo sirvió como caballero bajo los reyes Sancho II y Alfonso VI de León y Castilla, desempeñándose en numerosas campañas militares durante la Reconquista, el proceso de recuperación de territorios ocupados por los musulmanes en la Península Ibérica. Sin embargo, su vida estuvo marcada por una serie de destierros y enfrentamientos con la monarquía, lo que lo llevó a luchar bajo su propio estandarte y a ganarse el título de El Cid Campeador.

La figura de El Cid fue muy compleja. Aunque fue conocido como un héroe cristiano de la Reconquista, también mantuvo alianzas con señores musulmanes cuando la política y las circunstancias lo exigían, lo que demuestra su pragmatismo y habilidad para navegar en un mundo de intrigas políticas y cambios constantes.

A su lado, Jimena Díaz fue una mujer de la nobleza, hija de Diego Fernández de Oviedo, un conde influyente del Reino de León, y estaba emparentada con la familia real. Se casó con Rodrigo Díaz de Vivar en algún momento alrededor del año 1074. Aunque se sabe relativamente poco de su vida anterior al matrimonio, lo que está claro es que Jimena encarnó las virtudes de una esposa medieval: lealtad, devoción y fortaleza.

El matrimonio de Jimena y Rodrigo no fue únicamente una unión política. A pesar de que los matrimonios de la época a menudo estaban motivados por razones de conveniencia o alianzas, el vínculo entre ellos se caracterizó por una profunda devoción mutua, especialmente visible en los momentos más difíciles, como los destierros de Rodrigo y las largas separaciones debido a las campañas militares.

El Cantar de mio Cid, el gran poema épico medieval español, describe con detalle la relación entre El Cid y Jimena. Aunque el poema es una obra literaria y no un documento histórico en su totalidad, refleja el respeto y la admiración que Jimena sentía por su esposo, así como el amor y la preocupación de Rodrigo por ella y su familia.

Uno de los episodios más conmovedores del Cantar es el destierro de El Cid por orden del rey Alfonso VI. Antes de partir, Rodrigo se despide de Jimena y de sus hijas en un momento lleno de emoción, rogándole a Dios que cuide de ellas. La despedida simboliza no solo el amor entre esposo y esposa, sino también el sacrificio que ambos están dispuestos a hacer en nombre del deber y el honor. Jimena, por su parte, acepta su destino con valentía, confiando en que Rodrigo triunfará y volverá algún día.

A lo largo de los años, Jimena y Rodrigo sufrieron múltiples separaciones debido a las campañas militares de El Cid, pero su relación se mantuvo firme. Jimena no solo fue una espectadora pasiva en la vida de su esposo; cuando Rodrigo tomó Valencia en 1094 y se convirtió en el señor de la ciudad, Jimena lo acompañó y vivió allí con él, asumiendo un papel activo en la administración de su nuevo territorio.

El secreto de la relación entre El Cid y Jimena reside en la lealtad inquebrantable y el amor profundo que se profesaron el uno al otro, incluso en los momentos más oscuros. A pesar de las dificultades, Jimena permaneció a su lado, demostrando una fuerza interior impresionante. A través de los desafíos del destierro, la guerra y las separaciones prolongadas, su matrimonio simbolizó una verdadera asociación de compañerismo y sacrificio.

Además, Jimena también mostró un alto grado de autonomía. Tras la muerte de El Cid en 1099, ella asumió el control de Valencia, gobernando la ciudad en su nombre hasta que fue obligada a abandonarla en 1102, cuando los almorávides atacaron la ciudad. Su papel en la defensa de Valencia refleja su capacidad de liderazgo y su firmeza, características que, en el contexto de la época, la distinguieron de muchas otras mujeres nobles.

No obstante, su amor fue probado una y otra vez. A pesar de la pasión, Jimena y Rodrigo estuvieron separados durante largos períodos de tiempo debido a las campañas militares de El Cid. Estas ausencias forzaron a Jimena a vivir en la incertidumbre y la soledad, algo que, según algunos relatos, pudo haber causado dolor emocional tanto a ella como a sus hijos.

Además, el hecho de que el matrimonio se viera afectado por las tensiones políticas de la época, como el destierro de Rodrigo y las alianzas cambiantes entre los reinos cristianos y musulmanes, probablemente hizo que su relación fuera aún más difícil. Aunque el amor y la lealtad mutua eran fuertes, las circunstancias externas a menudo pusieron a prueba su vínculo.

La relación entre El Cid y Jimena ha trascendido a través de los siglos por ser un símbolo del amor y la lealtad en tiempos de conflicto. La epopeya del Cantar de mio Cid ha jugado un papel importante en la mitificación de esta relación, presentándola como un ejemplo de virtud, honor y sacrificio. Su amor ha sido representado en innumerables obras literarias, pinturas y producciones cinematográficas, consolidándose como una de las historias de amor más icónicas de la cultura española.

La imagen de Jimena como una esposa fiel que apoya a su esposo en los momentos de adversidad ha resonado a lo largo de la historia, convirtiéndola en un modelo de virtud femenina en la tradición medieval y renacentista. Al mismo tiempo, la figura de El Cid ha sido mitificada como el héroe perfecto, no solo en el campo de batalla, sino también como un esposo devoto y protector.

15. Clara y Robert Schumann: Una vida de amor, música y genio

La relación entre Clara Wieck Schumann y Robert Schumann es una de las más fascinantes de la historia de la música clásica. Fue una unión marcada por la creatividad artística, el apoyo mutuo, la tragedia personal y los desafíos de vivir en una época que limitaba el papel de las mujeres. La historia de su amor ha trascendido en el tiempo no solo por su intensidad y complicidad, sino también por la fusión de sus vidas como artistas, donde la música era tanto un medio de expresión personal como un lazo que los unía.

Clara Wieck nació el 13 de septiembre de 1819 en Leipzig, Alemania. Desde muy joven, fue considerada una niña prodigio en el piano, gracias a la rigurosa educación musical impartida por su padre, Friedrich Wieck, un renombrado profesor de música. A la edad de nueve años, Clara ya daba conciertos en Europa, siendo aclamada por su virtuosismo técnico y su capacidad interpretativa.

Clara no solo fue una destacada pianista, sino también compositora, algo inusual para las mujeres de su época. Sin embargo, a pesar de sus logros, su papel de mujer en la sociedad del siglo XIX la colocaba constantemente en la sombra de los hombres, incluyendo a su futuro esposo, Robert Schumann. Esta situación generó tensiones a lo largo de su vida, ya que Clara tenía que equilibrar su carrera musical con su rol de esposa y madre de ocho hijos.

Robert Schumann nació el 8 de junio de 1810 en Zwickau, Alemania. Desde joven, mostró un gran interés por la música y la literatura, lo que influyó profundamente en su enfoque creativo. Comenzó a estudiar piano con Friedrich Wieck, el padre de Clara, pero un accidente en su mano derecha lo alejó de su sueño de convertirse en pianista virtuoso. En su lugar, se dedicó a la composición y, posteriormente, a la crítica musical, fundando una revista influyente, Neue Zeitschrift für Musik.

Robert es considerado uno de los más grandes compositores del periodo romántico. Su música está impregnada de un profundo lirismo y un enfoque poético. Sus obras, especialmente las piezas para piano, canciones y sinfonías capturan la complejidad emocional del ser humano, y muchas de sus composiciones fueron inspiradas por su amor por Clara.

Clara y Robert se conocieron cuando ella tenía solo nueve años y Robert era un estudiante de piano de su padre. A medida que Clara crecía, Robert comenzó a enamorarse de ella, reconociendo su talento musical y sintiendo una profunda conexión emocional. Sin embargo, su romance fue complicado desde el principio. El padre de Clara, Friedrich Wieck, se opuso ferozmente a la relación, ya que temía que Robert no fuera un buen partido para su hija, debido a su inestabilidad emocional y falta de estabilidad financiera.

A pesar de las objeciones de Friedrich, Clara y Robert continuaron su relación en secreto. Después de una larga batalla legal y emocional con el padre de Clara, la pareja finalmente se casó el 12 de septiembre de 1840, justo un día antes del 21 cumpleaños de Clara. Este evento marcó el comienzo de uno de los matrimonios más emblemáticos del mundo musical.

La relación de Clara y Robert fue una fuente inagotable de inspiración mutua. Su amor se reflejaba profundamente en su música, con Robert componiendo muchas piezas dedicadas a Clara, como su "Liederkreis, Op. 39" y "Dichterliebe, Op. 48". Clara, por su parte, fue la principal intérprete de las obras de Robert, ayudándolo a establecerse como compositor.

Clara no solo fue la musa de Robert, sino también su crítica más cercana. Sus habilidades como pianista le permitieron ofrecerle consejos valiosos sobre sus composiciones, y su apoyo emocional fue crucial durante los episodios de depresión y crisis mental que Robert sufrió a lo largo de su vida. Juntos, formaban una pareja artística que desafiaba las convenciones sociales de su tiempo, mostrando cómo el amor y la creatividad podían alimentar el trabajo del otro.

A pesar de tener que cuidar de una gran familia, Clara nunca dejó de tocar y componer música, siendo una de las pocas mujeres de su época que logró mantener una carrera artística mientras criaba hijos. En muchas formas, fue pionera, demostrando que el matrimonio y la maternidad no eran incompatibles con la vida artística.

A pesar de su profundo amor, la relación de Clara y Robert no estuvo exenta de dificultades. El principal reto fue la salud mental de Robert. A lo largo de su vida, sufrió de trastornos mentales, que empeoraron con los años. En 1854, tras un intento de suicidio, Robert fue internado en un hospital psiquiátrico, donde pasó los últimos dos años de su vida. Este fue un golpe devastador para Clara, quien continuó trabajando y criando a sus hijos mientras lidiaba con el dolor de ver a su esposo sucumbir a la locura.

Otro aspecto negativo fue el sacrificio personal que Clara tuvo que hacer por su matrimonio. A pesar de su increíble talento como compositora, Clara a menudo relegaba sus propias ambiciones para apoyar la carrera de Robert. Si bien fue una de las pianistas más aclamadas de su tiempo, sus composiciones no recibieron el mismo reconocimiento, en parte debido a las limitaciones impuestas por la sociedad patriarcal del siglo XIX y el hecho de que Clara misma priorizó las obras de su esposo.

La historia de amor entre Clara y Robert Schumann ha perdurado en el tiempo, no solo por la intensidad emocional de su relación, sino también por el impacto que ambos dejaron en el mundo de la música. Sus cartas, en las que discutían tanto asuntos de la vida diaria como sus reflexiones musicales, revelan una profunda conexión basada en el amor y el respeto mutuo.

Después de la muerte de Robert en 1856, Clara dedicó el resto de su vida a preservar su legado. Continuó dando conciertos hasta bien entrada su vejez y fue responsable de la publicación de muchas de las obras de Robert. Sin embargo, su propio legado también se consolidó con el tiempo. Hoy en día, Clara es reconocida no solo como la esposa y musa de Robert Schumann, sino como una de las más grandes pianistas de la historia y una compositora que merece su lugar en el panteón de la música clásica.

16. Simón Bolívar y Manuela Sáenz: Una historia de amor y revolución

La historia de Simón Bolívar y Manuela Sáenz está envuelta en el drama de la lucha por la independencia de América Latina, uniendo sus vidas no solo por el amor, sino por el ideal común de libertad. Esta relación entre el Libertador y la heroína quiteña ha trascendido en el tiempo no solo por su dimensión romántica, sino también por su relevancia histórica en uno de los momentos más significativos del continente. El amor de Bolívar y Sáenz se destacó por su intensidad, lealtad y su papel clave en los eventos políticos de la época. Sin embargo, también estuvo marcado por las dificultades y las contradicciones de la guerra y las circunstancias políticas.

Simón Bolívar (1783-1830) es una de las figuras más icónicas de la historia latinoamericana. Nacido en Caracas, Venezuela, fue un líder militar y político que jugó un papel central en la independencia de varios países sudamericanos, incluyendo Venezuela, Colombia, Ecuador, Perú y Bolivia. Educado en Europa, Bolívar fue influenciado por los ideales de la Ilustración y, en particular, por las ideas de libertad, igualdad y soberanía popular.

Conocido como El Libertador, Bolívar dedicó su vida a liberar a América del Sur del dominio español. Su visión de una América unida y libre del yugo colonial fue el motor de su vida, aunque su sueño de una América hispanoamericana unificada nunca se concretó. A pesar de los éxitos militares y políticos, Bolívar vivió muchos momentos de frustración y traición, lo que lo llevó a renunciar a su vida pública en sus últimos años, exiliándose en Santa Marta, Colombia, donde murió en 1830.

La otra protagonista, Manuela Sáenz (1797-1856) fue una mujer adelantada a su tiempo. Nació en Quito, Ecuador, en una familia acomodada, pero su vida estuvo marcada por una fuerte independencia de pensamiento y acción. Desde joven, Manuela mostró una inclinación hacia la política y la defensa de los derechos de las mujeres, algo poco común en la sociedad conservadora y patriarcal de la época. Su matrimonio con un comerciante inglés la llevó a vivir en Lima, donde comenzó a involucrarse activamente en la política revolucionaria.

Manuela no solo fue una amante apasionada de Simón Bolívar, sino también una figura clave en la lucha por la independencia. Se ganó el apodo de "La Libertadora del Libertador" por su valentía y dedicación a la causa revolucionaria. En 1828, fue la responsable de salvar la vida de Bolívar cuando un grupo de conspiradores intentó asesinarlo en Bogotá, un hecho que consolidó su lugar en la historia. Además, fue reconocida por su participación en varias batallas y su papel como líder política en la campaña independentista.

Simón Bolívar y Manuela Sáenz se conocieron en 1822 en Quito, en un momento en que Bolívar era ya una figura prominente en la lucha por la independencia de América Latina. El encuentro entre Bolívar y Manuela ocurrió en medio de celebraciones por la liberación de Quito tras la Batalla de Pichincha. Manuela, fascinada por el carisma y el idealismo de Bolívar, quedó profundamente impresionada. Bolívar, por su parte, encontró en Manuela no solo una compañera sentimental, sino una aliada política valiosa y una mujer con una determinación que igualaba la suya.

Su relación se consolidó rápidamente, y Manuela se unió a Bolívar en sus campañas militares, convirtiéndose en su consejera y confidente. A pesar de las críticas que recibió por romper con los convencionalismos de la época, Manuela desafió las

normas sociales para estar junto al hombre que amaba
y a quien apoyaba en su misión revolucionaria. A partir
de entonces, sus vidas quedaron entrelazadas, tanto
por el amor que compartían como por la causa común
que los unía.

El romance entre Simón Bolívar y Manuela Sáenz no
fue solo una historia de amor, sino también una
alianza de ideales. Manuela no era simplemente la
amante de Bolívar; era una activa colaboradora en su
lucha por la independencia, acompañándolo en
campañas, alentando a las tropas y proporcionando un
apoyo emocional y estratégico invaluable. Su valentía,
demostrado en eventos como el ya mencionado intento
de asesinato en Bogotá en 1828, la convirtió en una
figura central en la vida de Bolívar.

Ambos compartían la pasión por la independencia de
América Latina y el deseo de liberar a los pueblos
oprimidos del dominio colonial. Manuela fue una
compañera leal y devota, dispuesta a sacrificar su
propia seguridad y reputación por estar junto a Bolívar
y ayudar en su causa. Para Bolívar, Manuela fue más
que un amor; fue un pilar emocional que lo sostuvo en
sus momentos de mayor desánimo y agotamiento,
especialmente en los últimos años de su vida, cuando
las divisiones políticas y las traiciones lo llevaron a
perder la fe en su sueño de unidad americana.

Sin embargo, la relación entre Bolívar y Manuela
también tuvo aspectos oscuros y complicados. Aunque
estaban profundamente enamorados, su amor nunca
pudo formalizarse en términos convencionales.
Bolívar, aunque separado de su esposa María Teresa
Rodríguez del Toro, con quien estuvo casado

brevemente antes de quedar viudo, nunca contrajo matrimonio con Manuela. La naturaleza irregular de su relación amorosa atrajo críticas tanto de los enemigos políticos de Bolívar como de la sociedad conservadora de la época.

Manuela también sufrió las consecuencias de su amor por Bolívar. A pesar de ser una mujer de espíritu libre, su asociación con el Libertador y su participación en la política y las campañas militares la marginaron socialmente. Tras la muerte de Bolívar en 1830, Manuela fue exiliada de Colombia y pasó el resto de su vida en la pobreza y el olvido en una pequeña ciudad costera en Perú, donde murió en 1856. La relación, que en vida de Bolívar había sido un vínculo de pasión y lucha compartida, se transformó después de su muerte en un recuerdo que la relegó a la marginación.

La historia de amor entre Simón Bolívar y Manuela Sáenz ha perdurado a lo largo de los siglos, no solo por su naturaleza apasionada, sino por el contexto histórico que los envolvía. La relación entre ambos simboliza la unión de dos seres que se amaron profundamente, pero también la unión de dos revolucionarios comprometidos con la libertad y la independencia de América Latina.

Manuela Sáenz, en particular, ha sido reivindicada en tiempos modernos como un ícono feminista y una figura histórica clave que desafió las normas de su época. Su papel como luchadora en la guerra de independencia y su capacidad para actuar en igualdad de condiciones con los hombres en un momento en que las mujeres eran relegadas a papeles secundarios la han convertido en una heroína, especialmente en los movimientos feministas y de derechos civiles.

Por otro lado, el amor de Bolívar y Manuela también se interpreta como una tragedia, dado que su relación no solo fue interrumpida por las luchas políticas, sino también por las expectativas sociales que impidieron que su amor fuera plenamente aceptado. Aun así, la devoción de ambos ha sido inmortalizada en la historia como uno de los grandes romances del continente, una mezcla de pasión, lealtad y sacrificio por un ideal más grande que ellos mismos.

17. Elizabeth Taylor y Richard Burton: Un romance de pasión y tormento

La relación entre Elizabeth Taylor y Richard Burton es una de las historias de amor más intensas y turbulentas de la historia del cine. Conocidos tanto por su deslumbrante talento como por su vida personal escandalosa, su romance ha perdurado en la memoria colectiva por su intensidad, sus altibajos dramáticos y su inquebrantable atracción mutua. A lo largo de su vida juntos, Taylor y Burton experimentaron el lado más apasionado del amor, así como los desafíos que vienen con un romance lleno de excesos, conflictos y reconciliaciones. Esta historia ha trascendido en el tiempo como un símbolo de la dualidad del amor: la gloria de la conexión emocional y los peligros del caos emocional.

Elizabeth Taylor (1932-2011) fue una de las actrices más famosas de su época, conocida tanto por su belleza deslumbrante como por su talento interpretativo. Nació en Londres de padres estadounidenses y comenzó su carrera en el cine a una edad temprana. Durante su carrera, ganó dos premios Óscar a Mejor Actriz, consolidándose como una de las estrellas más grandes de Hollywood. Películas como Cleopatra (1963), ¿Quién teme a Virginia Woolf? (1966) y Gata sobre el tejado de zinc (1958) marcaron su carrera y mostraron su capacidad de interpretar personajes complejos y emocionales.

Sin embargo, la vida privada de Taylor fue tan fascinante como su carrera cinematográfica. Se casó un total de ocho veces, dos de ellas con Richard Burton. Su relación con él fue, sin duda, la más famosa y controvertida de todas, debido a su intensidad, sus múltiples rupturas y reconciliaciones, y la cobertura mediática que recibieron.

A su vez, Richard Burton (1925-1984), un actor galés con un talento prodigioso fue famoso por su voz profunda y su capacidad de interpretar roles dramáticos en el escenario y en el cine. A lo largo de su carrera, fue nominado siete veces al premio Óscar, aunque nunca ganó. Proveniente de orígenes humildes en Gales, Burton trabajó arduamente para convertirse en uno de los actores más respetados de su generación, tanto en el teatro como en Hollywood.

Sin embargo, como Taylor, Burton también vivió una vida llena de excesos. La fama, la riqueza y el alcohol desempeñaron un papel central en su vida, y estos elementos fueron tanto una bendición como una maldición en su relación con Elizabeth Taylor.

Elizabeth Taylor y Richard Burton se conocieron en 1962 en el set de Cleopatra, la épica película que narraba la historia de la legendaria reina egipcia y que se convertiría en una de las producciones más caras de la historia. Taylor, quien interpretaba a Cleopatra, y Burton, quien daba vida a Marco Antonio, se vieron envueltos en un tórrido romance durante la filmación. En ese momento, ambos estaban casados con otras personas, lo que provocó un escándalo mediático.

Su atracción mutua era innegable y electrizante. Taylor describió a Burton como uno de los hombres más fascinantes que había conocido, mientras que Burton quedó cautivado por la belleza y el carácter fuerte de Taylor. La intensidad de su relación durante la filmación de Cleopatra fue tan evidente que incluso opacó el propio lanzamiento de la película, ya que los tabloides se centraron en el romance prohibido entre las dos estrellas.

El escándalo no tardó en llegar a los medios, y su relación se convirtió en objeto de especulación y fascinación mundial. Ambos se divorciaron de sus respectivos cónyuges y se casaron en 1964, iniciando uno de los matrimonios más famosos y complejos de Hollywood.

A lo largo de los años, Taylor y Burton compartieron una conexión emocional profunda, llena de amor y admiración mutua. Su relación era apasionada y ambos demostraron ser una pareja vibrante, tanto dentro como fuera de la pantalla. Juntos protagonizaron 11 películas, siendo las más memorables ¿Quién teme a Virginia Woolf? (1966), que les valió grandes elogios de la crítica por sus actuaciones desgarradoras y crudas.

En lo personal, Taylor y Burton se apoyaron en momentos difíciles. Richard Burton describió a Elizabeth como su "ancla emocional" en varias ocasiones, y su amor fue un refugio emocional en medio del frenesí de sus vidas públicas. Taylor, conocida por su lealtad hacia los que amaba, también ayudó a Burton a enfrentar sus demonios internos, especialmente en relación con el alcoholismo que marcó la vida de Burton.

A pesar de las peleas y los altibajos, el amor entre Taylor y Burton nunca desapareció completamente. En sus cartas, Burton escribió sobre su amor inquebrantable por Elizabeth, y ella siempre lo consideró el amor de su vida, incluso después de su segunda separación.

Sin embargo, la relación entre Elizabeth Taylor y Richard Burton también tuvo un lado oscuro. Ambos llevaban estilos de vida excesivos, llenos de alcohol, fiestas y lujo, lo que agravó los problemas personales y de pareja. Las discusiones entre ellos eran tan intensas como su amor, lo que los llevó a múltiples rupturas.

El alcoholismo de Burton fue una fuente constante de tensión en su matrimonio. Las discusiones y el comportamiento errático causado por el abuso de alcohol desgastaron su relación. Ambos eran personas con personalidades fuertes y temperamentales, lo que provocaba choques constantes. En 1974, después de diez años de matrimonio, la pareja se divorció, aunque volvieron a casarse al año siguiente, en 1975. Su segundo matrimonio duró solo un año, y se divorciaron definitivamente en 1976.

Los excesos y la fama también afectaron su bienestar emocional. Burton, a pesar de su amor por Taylor, luchaba con sentimientos de inferioridad, especialmente en comparación con la enorme popularidad y magnetismo de Elizabeth. Por otro lado, Taylor a menudo se sentía frustrada por la incapacidad de Burton de superar sus problemas personales, lo que llevó a una dinámica tóxica en momentos.

La historia de amor entre Elizabeth Taylor y Richard Burton sigue siendo una de las más famosas y comentadas de Hollywood. Su relación simboliza la intensidad del amor apasionado, pero también los peligros de la obsesión y el exceso. Ambos, como íconos del cine, dejaron un legado impresionante en la historia de la industria, pero su romance es recordado como una combinación de la grandeza y el caos que puede traer el amor.

A través de sus cartas, libros y entrevistas, ha quedado claro que, a pesar de las dificultades, el amor que compartieron fue genuino y profundo. Burton una vez escribió sobre Taylor: "Te amé más apasionadamente de lo que ninguna otra mujer fue amada en la historia de la humanidad". Taylor, por su parte, mantuvo siempre un lugar especial para Burton en su corazón, incluso después de sus múltiples matrimonios y relaciones posteriores.

18. Paul Gauguin y Teha'amana: Arte, colonialismo y controversia en Tahití

La relación entre Paul Gauguin, el famoso pintor postimpresionista francés, y Teha'amana, una joven tahitiana, ha suscitado tanto fascinación como controversia a lo largo del tiempo. Este vínculo, que comenzó en el contexto del colonialismo europeo en el Pacífico Sur, ha sido interpretado de diversas maneras: como una relación romántica o de explotación, como una fuente de inspiración artística o como un ejemplo de los desequilibrios de poder y las dinámicas coloniales de la época. Su impacto en la obra de Gauguin es innegable, pero las implicaciones de su relación han dejado un legado problemático y difícil de ignorar.

Paul Gauguin (1848-1903) es uno de los nombres más influyentes en la historia del arte occidental. Nacido en París, Gauguin trabajó como corredor de bolsa antes de dedicarse de lleno a la pintura en la década de 1880. Inspirado por el impresionismo, pero buscando romper con las convenciones artísticas de su tiempo, Gauguin buscaba lo que consideraba una forma de vida "primitiva", alejada de la sociedad industrializada de Europa. Esta búsqueda lo llevó a las islas del Pacífico Sur, particularmente a Tahití, en 1891.

En Tahití, Gauguin esperaba encontrar un paraíso exótico que coincidiera con su visión idealizada de una vida más sencilla y cercana a la naturaleza. Sin embargo, lo que encontró fue una cultura ya influenciada por la colonización francesa. A pesar de esto, decidió permanecer allí, buscando inspiración para su arte y también, en su vida personal, una conexión con la cultura local.

Poco después de su llegada a Tahití, Gauguin conoció a Teha'amana, una joven nativa que, según los registros, tenía alrededor de 13 años cuando comenzó su relación con el pintor, quien ya estaba en sus 40 años. La diferencia de edad y el contexto colonial han hecho que esta relación sea vista hoy en día bajo una luz crítica. En ese tiempo, sin embargo, era común que los colonizadores europeos tomaran esposas nativas, una práctica que reflejaba los desequilibrios de poder inherentes al colonialismo.

Teha'amana, cuya vida antes de conocer a Gauguin es poco conocida, se convirtió en la "vahiné" (esposa) del artista bajo las costumbres locales. Esta relación inspiró gran parte del arte que Gauguin produjo durante su estancia en Tahití. Teha'amana aparece en varias de sus pinturas más conocidas, como Spirit of the Dead Watching (1892), donde se representa a una joven desnuda, aparentemente vulnerable, en una posición que muchos críticos han interpretado como una combinación de fascinación y exotización por parte de Gauguin.

Desde la perspectiva artística, la relación entre Gauguin y Teha'amana tuvo un impacto profundo en la obra del pintor. El tiempo que pasó con ella y su inmersión en la cultura tahitiana le proporcionaron el material y la inspiración para algunas de sus piezas más icónicas. Sus representaciones de la vida polinesia, aunque idealizadas, rompieron con las convenciones del arte occidental y contribuyeron al desarrollo del simbolismo en la pintura.

La influencia de Teha'amana y la cultura tahitiana sobre Gauguin también lo llevó a experimentar con el uso del color y la forma de manera radical. Sus representaciones de la vida nativa, aunque a menudo críticas por ser una mezcla de fantasía y realidad, abrieron una nueva era en el arte occidental al desafiar los cánones europeos de belleza y representación.

Además, Gauguin se inspiró en las creencias espirituales locales y en los mitos tahitianos para desarrollar una serie de pinturas que exploraban temas como la muerte, y el sentido de la existencia, temas que se volvieron recurrentes en su obra posterior. Sin Teha'amana y su vida en Tahití, es posible que Gauguin no hubiera alcanzado las alturas artísticas por las que es recordado hoy.

Sin embargo, la relación entre Gauguin y Teha'amana también es un reflejo de las tensiones coloniales de la época y de las actitudes problemáticas que los europeos, incluidos los artistas, tenían hacia los pueblos colonizados. En retrospectiva, el vínculo entre ambos ha sido criticado por su marcado desequilibrio de poder. Teha'amana, como muchas otras mujeres indígenas en ese momento, fue víctima de una estructura colonial que permitía a los europeos explotar y dominar tanto los recursos naturales como a las personas.

Gauguin, quien se refería a Tahití como un "paraíso primitivo", abordó su relación con Teha'amana desde una perspectiva paternalista y exotizadora. Sus pinturas de ella, aunque hermosas desde un punto de vista técnico, son un ejemplo del "otro" idealizado que los artistas occidentales a menudo proyectaban sobre las culturas no europeas. Las representaciones de Teha'amana tienden a despojarla de su agencia, presentándola como una figura pasiva y subordinada a los deseos y fantasías del artista.

Otro aspecto problemático de su relación fue el hecho de que Gauguin, a pesar de su relación con Teha'amana, continuó con una vida caótica y autodestructiva. Se sabe que contrajo sífilis, una enfermedad que probablemente le transmitió a Teha'amana, como a otras parejas. Sus aventuras amorosas y su estilo de vida desenfrenado afectaron la salud de las personas a su alrededor, y Teha'amana no fue una excepción.

Además, Gauguin nunca se comprometió plenamente con la vida tahitiana. A pesar de su fascinación por la cultura, siempre mantuvo una distancia crítica y regresó a Europa en varias ocasiones, dejando atrás a Teha'amana y otros aspectos de su vida en el Pacífico. Su relación con Tahití fue, en muchos sentidos, superficial y marcada por una relación desigual entre colonizador y colonizado.

El legado de la relación entre Paul Gauguin y Teha'amana sigue siendo motivo de debate y reflexión. A nivel artístico, las pinturas inspiradas por Teha'amana y su tiempo en Tahití siguen siendo algunas de las obras más conocidas e influyentes de Gauguin. Obras como Manao Tupapau y ¿De dónde venimos? ¿Qué somos? ¿Adónde vamos? han inspirado a generaciones de artistas y críticos a replantear las nociones de lo "primitivo" y lo "exótico" en el arte occidental.

Sin embargo, la crítica moderna ha resaltado las dinámicas problemáticas de poder que definieron la relación entre Gauguin y Teha'amana, y cómo estas reflejan las tensiones coloniales y la explotación de los pueblos indígenas por parte de los colonizadores europeos. Gauguin ha sido criticado por romantizar y exotizar la cultura tahitiana mientras contribuía, directa o indirectamente, a la explotación de las personas que vivían allí.

Hoy en día, la relación entre Gauguin y Teha'amana es un recordatorio de cómo el arte y la vida personal de los grandes artistas no pueden separarse de los contextos históricos y políticos en los que se desarrollaron. Aunque su romance ha sido objeto de fascinación, también es un testimonio de los efectos destructivos del colonialismo en las vidas de las personas más vulnerables.

19. Margaret Fuller y Giovanni Angelo Ossoli: Un amor entre revoluciones y tragedia

La vida de Margaret Fuller (1810-1850), una de las intelectuales más destacadas del siglo XIX, y su relación con Giovanni Angelo Ossoli (1801-1850), un noble italiano comprometido con las revoluciones de su tiempo representa una de las historias de amor más fascinantes del período romántico. Su romance fue, en muchos sentidos, un símbolo de los cambios sociales, políticos y culturales que se desarrollaban a su alrededor. La combinación de su mutuo compromiso con las ideas revolucionarias, su amor apasionado y la trágica conclusión de su vida juntos le ha dado a esta relación una trascendencia duradera.

Sarah Margaret Fuller fue una escritora, periodista, crítica literaria y feminista que formó parte del movimiento trascendentalista en los Estados Unidos, junto con figuras como Ralph Waldo Emerson y Henry David Thoreau. Fuller fue la primera mujer en ser editora del influyente periódico The Dial, una de las principales publicaciones del trascendentalismo, y también fue la primera corresponsal extranjera de un periódico estadounidense, trabajando para el New-York Tribune.

Una defensora de los derechos de las mujeres y de la educación de género, Fuller es recordada por su libro Mujeres del siglo XIX (1845), uno de los primeros textos feministas de la historia. En él, abogaba por la igualdad de oportunidades y la independencia de las mujeres, ideas radicales para su tiempo.

Por otro lado, Giovanni Angelo Ossoli era un conde italiano, descendiente de una familia noble que había perdido parte de su poder y fortuna. Aunque al principio de su vida no estaba profundamente involucrado en la política, la agitación política en Italia y su encuentro con Margaret Fuller lo llevaron a abrazar los ideales republicanos y a comprometerse con las luchas revolucionarias del siglo XIX.

Italia en esa época estaba fragmentada en varios estados bajo la influencia de poderes extranjeros, como Austria, y estaba luchando por su unificación. Ossoli se unió a los movimientos revolucionarios que querían una Italia unificada y libre de dominación extranjera, participando activamente en las Revoluciones de 1848, que sacudieron Europa y buscaron acabar con las monarquías absolutas y establecer repúblicas democráticas.

Margaret Fuller llegó a Europa en 1846 como corresponsal para el New-York Tribune, y su estancia en Italia marcó un cambio radical en su vida. En 1847, conoció a Giovanni Angelo Ossoli en Roma, cuando ya estaba inmersa en el agitado ambiente político de la ciudad. Aunque Fuller venía de un entorno intelectualmente vibrante en Estados Unidos, su vida personal había estado marcada por el rechazo a los convencionalismos, especialmente en términos de matrimonio y relaciones románticas. Ossoli, con su juventud y espíritu revolucionario, la atrajo de inmediato.

El amor entre Fuller y Ossoli comenzó en medio de la agitación revolucionaria, y la relación no solo fue una conexión sentimental, sino también una asociación política y emocional. A pesar de las diferencias sociales y culturales, ya que Fuller era una intelectual de ideas progresistas y Ossoli, un aristócrata italiano, su relación prosperó en medio del caos de las revoluciones europeas.

La pareja tuvo que mantener su relación en secreto durante un tiempo, ya que Ossoli provenía de una familia aristocrática conservadora que se oponía a su relación con una mujer estadounidense y, además, porque en esa época el matrimonio entre personas de diferentes clases sociales era mal visto. A pesar de esto, se casaron en secreto en 1848 y, al poco tiempo, tuvieron un hijo, Angelo Ossoli, en 1849. Este niño nacía en un contexto de incertidumbre, tanto por las tensiones políticas que envolvían a Italia como por la vida nómada y clandestina que llevaban Margaret y Giovanni.

Durante las revoluciones de 1848-1849, Fuller y Ossoli participaron activamente en la República Romana, una corta etapa en la que Roma fue proclamada república, intentando establecer un gobierno democrático en el centro del poder papal. Ossoli se alistó en la Guardia Nacional Romana y luchó en las barricadas, mientras que Fuller trabajaba como enfermera y escribía apasionadamente sobre las luchas republicanas para sus lectores estadounidenses. Esta experiencia los unió profundamente y solidificó su compromiso mutuo.

La relación entre Margaret Fuller y Giovanni Ossoli fue un ejemplo notable de amor basado en ideales compartidos y respeto mutuo. A pesar de sus diferencias culturales y de clase, su amor floreció en medio de un contexto político inestable, lo que muestra el poder del compromiso común. Fuller, a lo largo de su vida, había rechazado los modelos tradicionales de matrimonio y relaciones de género, y encontró en Ossoli a un hombre que respetaba su independencia intelectual y su papel como pensadora. Además, ambos compartían una pasión por la justicia y la libertad, valores que los unieron profundamente.

Su relación también fue un ejemplo de amor que trasciende fronteras, ya que Fuller, una estadounidense, y Ossoli, un italiano, forjaron una vida juntos en el contexto de las revoluciones europeas. Su historia de amor simboliza la fusión de culturas y la posibilidad de encontrar una conexión profunda a pesar de las diferencias externas.

Sin embargo, también hubo dificultades significativas en su relación. La vida que llevaban estaba marcada por la incertidumbre y el peligro, debido a las revoluciones en las que estaban involucrados. La pareja enfrentó desafíos económicos, ya que Ossoli había perdido su fortuna y Fuller no tenía medios financieros estables. Además, su relación fue en gran parte clandestina, lo que aumentaba la tensión y las dificultades logísticas, especialmente con un hijo recién nacido.

Trágicamente, la relación se vio abruptamente interrumpida. Después de la caída de la República Romana y la represión de los movimientos revolucionarios, la pareja decidió regresar a Estados Unidos en 1850 con su hijo. Sin embargo, el barco en el que viajaban, el Elizabeth, naufragó frente a la costa de Fire Island, Nueva York, y tanto Margaret, como Giovanni y su hijo Angelo murieron. Fuller había llevado consigo su manuscrito más reciente, una obra sobre la historia de la Revolución Italiana, pero también se perdió en el mar.

La historia de amor entre Margaret Fuller y Giovanni Angelo Ossoli ha trascendido por varias razones. En primer lugar, es una de las primeras historias modernas de una mujer que desafió las convenciones sociales, intelectuales y emocionales de su tiempo. Fuller no solo fue una pionera en la lucha por los derechos de las mujeres, sino que también fue una figura clave en la literatura y el periodismo. Su relación con Ossoli no fue solo una cuestión de amor, sino también una asociación basada en ideales compartidos de justicia y libertad.

Además, la trágica muerte de ambos en el naufragio añade un elemento de leyenda romántica a su historia, consolidándolos como una pareja cuyas aspiraciones y esperanzas se vieron truncadas por el destino. La relación entre Margaret Fuller y Giovanni Ossoli es recordada no solo por su amor, sino también por el contexto revolucionario en el que surgió, convirtiéndose en un símbolo de las luchas sociales y políticas de su tiempo.

20. Ernest Hemingway y Hadley Richardson: Amor, traición y nostalgia

La relación entre Ernest Hemingway y Hadley Richardson es una de las historias de amor más cautivadoras de la vida del famoso escritor. A menudo recordada por Hemingway como la relación más pura y significativa que tuvo, su matrimonio con Hadley, aunque breve, dejó una marca indeleble en su vida personal y en su carrera literaria. Su relación sentimental, llena de amor, sacrificio y, finalmente, traición, ha trascendido en el tiempo tanto por su influencia en la obra de Hemingway como por la complejidad emocional que la rodeó.

Ernest Hemingway conoció a Hadley Richardson en 1920, cuando tenía 21 años y ella 28. Hadley, una mujer tímida y reservada, había crecido en St. Louis en una familia estricta y, hasta conocer a Hemingway, llevaba una vida bastante tranquila. Hemingway, por otro lado, era un joven ambicioso y carismático que acababa de regresar de la Primera Guerra Mundial, donde había sido herido. Su espíritu aventurero y su determinación de convertirse en un escritor lo hacían parecer mayor de lo que era. A pesar de la diferencia de edad, ambos formaron un vínculo rápido e intenso.

Se casaron en 1921, y poco después, se mudaron a París, que en ese momento era el epicentro de la vanguardia artística y literaria. París brindó a la pareja un entorno vibrante y estimulante, donde Hemingway comenzó a interactuar con figuras clave de la llamada "Generación Perdida", como F. Scott Fitzgerald, Gertrude Stein y Ezra Pound. Para Hadley, que no estaba familiarizada con el mundo literario, fue un cambio radical. Sin embargo, siempre apoyó a Hemingway en su ambición de convertirse en un escritor reconocido.

Durante los años que pasaron en París, Hadley fue el pilar emocional de Hemingway. Ella sostenía económicamente la pareja gracias a una herencia, lo que le permitió a Hemingway concentrarse exclusivamente en escribir. Este período en París fue fundamental para el desarrollo de Hemingway como escritor. Sus primeros éxitos, incluidas las publicaciones de sus relatos cortos y la redacción de su primera novela, The Sun Also Rises, surgieron en estos años de estabilidad doméstica proporcionada por Hadley.

Aunque la relación estuvo marcada por el amor y el apoyo mutuo, el matrimonio no estuvo exento de dificultades. La creciente fama de Hemingway en los círculos literarios lo expuso a nuevas tentaciones y presiones. Su vida social se volvió más intensa, y mientras Hadley intentaba adaptarse a la vida bohemia de París, siempre parecía estar un paso atrás. Aunque le brindó todo el apoyo emocional posible, la diferencia entre sus personalidades se fue haciendo cada vez más evidente. Hemingway era dinámico y apasionado, mientras que Hadley era más introvertida y convencional.

El comienzo del fin llegó cuando Hemingway conoció a Pauline Pfeiffer, una periodista de moda estadounidense que rápidamente se involucró en la vida del matrimonio. Pauline, una mujer sofisticada y ambiciosa, comenzó un romance con Hemingway mientras aún estaba casado con Hadley. Este triángulo amoroso puso una enorme presión sobre el matrimonio. Aunque Hadley estaba profundamente enamorada de Hemingway, eventualmente descubrió la infidelidad, lo que provocó una crisis emocional en la pareja.

En 1926, Hadley decidió poner fin a su matrimonio con Hemingway. El divorcio se finalizó en enero de 1927, y poco después, Hemingway se casó con Pauline. La ruptura de su relación con Hadley fue un golpe emocional para Hemingway, quien en varias ocasiones expresó remordimiento por cómo habían terminado las cosas. En sus escritos posteriores, Hemingway reflejó a menudo el dolor que le causó perder a Hadley, y llegó a llamarla "la mejor parte de mi vida".

Aunque su matrimonio solo duró seis años, la relación entre Hemingway y Hadley dejó un impacto profundo en ambos. Para Hadley, fue una experiencia transformadora que definió su vida adulta. Tras el divorcio, regresó a los Estados Unidos, donde vivió una vida más tranquila, alejándose del centro de atención literaria. Hemingway, por otro lado, continuó con una vida amorosa tumultuosa, casándose tres veces más, pero nunca volvió a encontrar la misma paz y estabilidad emocional que tuvo con Hadley.

El amor de Hemingway por Hadley quedó inmortalizado en su obra. En su novela París era una fiesta (A Moveable Feast), un libro de memorias sobre sus años en París, Hemingway dedicó varias páginas a su relación con Hadley, describiéndola como la mujer que lo apoyó cuando nadie más creía en él. Es en este libro donde Hemingway expresó su profunda nostalgia por aquellos primeros años en París y por el amor que compartió con Hadley, lamentando la pérdida de lo que alguna vez fue una vida feliz y sencilla. En una de las frases más conmovedoras del libro, escribió: "Cuando éramos muy pobres y felices".

El lado positivo de su relación fue el apoyo incondicional de Hadley durante los primeros y más difíciles años de la carrera de Hemingway. Su amor y sacrificio le permitieron a Hemingway florecer como escritor, dándole el tiempo y el espacio necesario para desarrollar su arte. En muchos sentidos, Hadley fue la fuerza silenciosa detrás del éxito inicial de Hemingway.

Por otro lado, el lado negativo de su relación fue la eventual traición de Hemingway. Aunque era un hombre apasionado y carismático, su incapacidad para ser fiel y su búsqueda constante de nuevas experiencias lo llevaron a romper la confianza de Hadley. Este patrón de comportamiento lo siguió durante toda su vida, repitiéndose en sus matrimonios posteriores.

La relación entre Ernest Hemingway y Hadley Richardson es un reflejo de los altos y bajos del amor y el matrimonio. Su historia es una mezcla de romance, sacrificio, traición y arrepentimiento. Para Hemingway, Hadley representó la estabilidad y el apoyo que necesitaba en los primeros años de su carrera, pero su deseo por aventuras y nuevas emociones lo llevó a destruir lo que había sido un amor profundo. A través de su escritura, Hemingway inmortalizó a Hadley, mostrándonos que, aunque su relación terminó, el impacto que tuvo en su vida perduró para siempre.

_____0_____

Otros libros del autor Phillips Tahuer que encontrarás en esta plataforma:

Contenido de la Enciclopedia de los Misterios

Volumen 1:
Cap.1 Personajes enigmáticos
Cap.2 Historias perdidas
Cap.3 Seres misteriosos
Cap.4 Superpoderes
Cap.5 Pasado tecnológico

Volumen 2:
Cap.1 Arquitectura intrigante
Cap.2 Culturas misteriosas
Cap.3 Fenómeno OVNI
Cap.4 Abducciones
Cap.5 El Triángulo de las Bermudas

Volumen 3:
Cap.1 Objetos misteriosos
Cap.2 Asombrosas desapariciones
Cap.3 Sucesos sin explicaciones
Cap.4 Mundo fantasmagórico
Cap.5 Hechizos y brujería

Volumen 4:
Cap. 1 Misterios religiosos
Cap. 2 Misterios científicos
Cap. 3 Animales imposibles
Cap. 4 Viajes en el tiempo
Cap. 5 Videntes y profecías

Volumen 5:
Grandes misterios sin resolver

Otros títulos del autor:

Libro 6:
Las más grandes teorías conspirativas

Libro 7:
Grandes atracos de la historia

Libro 8:
Asesinos famosos -el lado perverso de la mente-

Libro 9:
Vidas en cautiverio –Historias de secuestros reales-

Libro 10:
Agentes, informantes y traidores -el mundo del espionaje-

Libro 11:
Piratas del siglo XXI

Libro 12:
Amores trágicos

Libro 13:
30 curiosidades de la II Guerra Mundial

Libro 14:
Oscuros experimentos en humanos

Libro 15:
Héroes de la vida real

Libro 16:
Hombres poderosos en la historia moderna

Libro 17:
Historias de San Valentín

Libro 18:
Lecciones de Psicología práctica

Milton Keynes UK
Ingram Content Group UK Ltd.
UKHW032314121024
449481UK00011B/375